INDONÉSIEN
VOCABULAIRE

POUR L'AUTOFORMATION

FRANÇAIS
INDONÉSIEN

Les mots les plus utiles
Pour enrichir votre vocabulaire et aiguiser
vos compétences linguistiques

5000 mots

Vocabulaire Français-Indonésien pour l'autoformation. 5000 mots
Dictionnaire thématique
Par Andrey Taranov

Les dictionnaires T&P Books ont pour but de vous aider à apprendre, à mémoriser et à réviser votre vocabulaire en langue étrangère. Ce dictionnaire thématique couvre tous les grands domaines du quotidien: l'économie, les sciences, la culture, etc …

Acquérir du vocabulaire avec les dictionnaires thématiques T&P Books vous offre les avantages suivants:

- Les données d'origine sont regroupées de manière cohérente, ce qui vous permet une mémorisation lexicale optimale
- La présentation conjointe de mots ayant la même racine vous permet de mémoriser des groupes sémantiques entiers (plutôt que des mots isolés)
- Les sous-groupes sémantiques vous permettent d'associer les mots entre eux de manière logique, ce qui facilite votre consolidation du vocabulaire
- Votre maîtrise de la langue peut être évaluée en fonction du nombre de mots acquis

Copyright © 2016 T&P Books Publishing

Tous droits réservés. Sans permission écrite préalable des éditeurs, toute reproduction ou exploitation partielle ou intégrale de cet ouvrage est interdite, sous quelque forme et par quelque procédé (électronique ou mécanique) que ce soit, y compris la photocopie, l'enregistrement ou le recours à un système de stockage et de récupération des données.

T&P Books Publishing
www.tpbooks.com

ISBN: 978-1-78616-485-8

Ce livre existe également en format électronique.
Pour plus d'informations, veuillez consulter notre site: www.tpbooks.com ou rendez-vous sur ceux des grandes librairies en ligne.

VOCABULAIRE INDONÉSIEN POUR L'AUTOFORMATION
Dictionnaire thématique

Les dictionnaires T&P Books ont pour but de vous aider à apprendre, à mémoriser et à réviser votre vocabulaire en langue étrangère. Ce lexique présente, de façon thématique, plus de 5000 mots les plus fréquents de la langue.

- Ce livre comporte les mots les plus couramment utilisés
- Son usage est recommandé en complément de l'étude de toute autre méthode de langue
- Il répond à la fois aux besoins des débutants et à ceux des étudiants en langues étrangères de niveau avancé
- Il est idéal pour un usage quotidien, des séances de révision ponctuelles et des tests d'auto-évaluation
- Il vous permet de tester votre niveau de vocabulaire

Spécificités de ce dictionnaire thématique:

- Les mots sont présentés de manière sémantique, et non alphabétique
- Ils sont répartis en trois colonnes pour faciliter la révision et l'auto-évaluation
- Les groupes sémantiques sont divisés en sous-groupes pour favoriser l'apprentissage
- Ce lexique donne une transcription simple et pratique de chaque mot en langue étrangère

Ce dictionnaire comporte 155 thèmes, dont:

les notions fondamentales, les nombres, les couleurs, les mois et les saisons, les unités de mesure, les vêtements et les accessoires, les aliments et la nutrition, le restaurant, la famille et les liens de parenté, le caractère et la personnalité, les sentiments et les émotions, les maladies, la ville et la cité, le tourisme, le shopping, l'argent, la maison, le foyer, le bureau, la vie de bureau, l'import-export, le marketing, la recherche d'emploi, les sports, l'éducation, l'informatique, l'Internet, les outils, la nature, les différents pays du monde, les nationalités, et bien d'autres encore ...

TABLE DES MATIÈRES

Guide de prononciation	9
Abréviations	10

CONCEPTS DE BASE — 11
Concepts de base. Partie 1 — 11

1. Les pronoms — 11
2. Adresser des vœux. Se dire bonjour. Se dire au revoir — 11
3. Comment s'adresser à quelqu'un — 12
4. Les nombres cardinaux. Partie 1 — 12
5. Les nombres cardinaux. Partie 2 — 13
6. Les nombres ordinaux — 14
7. Les nombres. Fractions — 14
8. Les nombres. Opérations mathématiques — 14
9. Les nombres. Divers — 14
10. Les verbes les plus importants. Partie 1 — 15
11. Les verbes les plus importants. Partie 2 — 16
12. Les verbes les plus importants. Partie 3 — 17
13. Les verbes les plus importants. Partie 4 — 18
14. Les couleurs — 18
15. Les questions — 19
16. Les prépositions — 20
17. Les mots-outils. Les adverbes. Partie 1 — 20
18. Les mots-outils. Les adverbes. Partie 2 — 22

Concepts de base. Partie 2 — 24

19. Les jours de la semaine — 24
20. Les heures. Le jour et la nuit — 24
21. Les mois. Les saisons — 25
22. Les unités de mesure — 27
23. Les récipients — 28

L'HOMME — 29
L'homme. Le corps humain — 29

24. La tête — 29
25. Le corps humain — 30

Les vêtements & les accessoires — 31

26. Les vêtements d'extérieur — 31
27. Men's & women's clothing — 31

28. Les sous-vêtements 32
29. Les chapeaux 32
30. Les chaussures 32
31. Les accessoires personnels 33
32. Les vêtements. Divers 33
33. L'hygiène corporelle. Les cosmétiques 34
34. Les montres. Les horloges 35

Les aliments. L'alimentation 36

35. Les aliments 36
36. Les boissons 37
37. Les légumes 38
38. Les fruits. Les noix 39
39. Le pain. Les confiseries 40
40. Les plats cuisinés 40
41. Les épices 41
42. Les repas 42
43. Le dressage de la table 43
44. Le restaurant 43

La famille. Les parents. Les amis 44

45. Les données personnelles. Les formulaires 44
46. La famille. Les liens de parenté 44

La médecine 46

47. Les maladies 46
48. Les symptômes. Le traitement. Partie 1 47
49. Les symptômes. Le traitement. Partie 2 48
50. Les symptômes. Le traitement. Partie 3 49
51. Les médecins 50
52. Les médicaments. Les accessoires 50

L'HABITAT HUMAIN 52
La ville 52

53. La ville. La vie urbaine 52
54. Les institutions urbaines 53
55. Les enseignes. Les panneaux 54
56. Les transports en commun 55
57. Le tourisme 56
58. Le shopping 57
59. L'argent 58
60. La poste. Les services postaux 59

Le logement. La maison. Le foyer 60

61. La maison. L'électricité 60

62.	La villa et le manoir	60
63.	L'appartement	60
64.	Les meubles. L'intérieur	61
65.	La literie	62
66.	La cuisine	62
67.	La salle de bains	63
68.	Les appareils électroménagers	64

LES ACTIVITÉS HUMAINS — 65
Le travail. Les affaires. Partie 1 — 65

69.	Le bureau. La vie de bureau	65
70.	Les processus d'affaires. Partie 1	66
71.	Les processus d'affaires. Partie 2	67
72.	L'usine. La production	68
73.	Le contrat. L'accord	69
74.	L'importation. L'exportation	70
75.	La finance	70
76.	La commercialisation. Le marketing	71
77.	La publicité	72
78.	Les opérations bancaires	72
79.	Le téléphone. La conversation téléphonique	73
80.	Le téléphone portable	74
81.	La papeterie	74
82.	Les types d'activités économiques	75

Le travail. Les affaires. Partie 2 — 77

83.	Les foires et les salons	77
84.	La recherche scientifique et les chercheurs	78

Les professions. Les métiers — 80

85.	La recherche d'emploi. Le licenciement	80
86.	Les hommes d'affaires	80
87.	Les métiers des services	81
88.	Les professions militaires et leurs grades	82
89.	Les fonctionnaires. Les prêtres	83
90.	Les professions agricoles	83
91.	Les professions artistiques	84
92.	Les différents métiers	84
93.	Les occupations. Le statut social	86

L'éducation — 87

94.	L'éducation	87
95.	L'enseignement supérieur	88
96.	Les disciplines scientifiques	89
97.	Le système d'écriture et l'orthographe	89
98.	Les langues étrangères	90

Les loisirs. Les voyages 92

99. Les voyages. Les excursions 92
100. L'hôtel 92

LE MATÉRIEL TECHNIQUE. LES TRANSPORTS 94
Le matériel technique 94

101. L'informatique 94
102. L'Internet. Le courrier électronique 95
103. L'électricité 96
104. Les outils 96

Les transports 99

105. L'avion 99
106. Le train 100
107. Le bateau 101
108. L'aéroport 102

Les grands événements de la vie 104

109. Les fêtes et les événements 104
110. L'enterrement. Le deuil 105
111. La guerre. Les soldats 105
112. La guerre. Partie 1 106
113. La guerre. Partie 2 108
114. Les armes 109
115. Les hommes préhistoriques 111
116. Le Moyen Âge 111
117. Les dirigeants. Les responsables. Les autorités 113
118. Les crimes. Les criminels. Partie 1 114
119. Les crimes. Les criminels. Partie 2 115
120. La police. La justice. Partie 1 116
121. La police. La justice. Partie 2 117

LA NATURE 119
La Terre. Partie 1 119

122. L'espace cosmique 119
123. La Terre 120
124. Les quatre parties du monde 121
125. Les océans et les mers 121
126. Les noms des mers et des océans 122
127. Les montagnes 123
128. Les noms des chaînes de montagne 124
129. Les fleuves 124
130. Les noms des fleuves 125
131. La forêt 125
132. Les ressources naturelles 126

La Terre. Partie 2 — 128

133. Le temps — 128
134. Les intempéries. Les catastrophes naturelles — 129

La faune — 130

135. Les mammifères. Les prédateurs — 130
136. Les animaux sauvages — 130
137. Les animaux domestiques — 131
138. Les oiseaux — 132
139. Les poissons. Les animaux marins — 134
140. Les amphibiens. Les reptiles — 134
141. Les insectes — 135

La flore — 136

142. Les arbres — 136
143. Les arbustes — 136
144. Les fruits. Les baies — 137
145. Les fleurs. Les plantes — 138
146. Les céréales — 139

LES PAYS DU MONDE. LES NATIONALITÉS — 140

147. L'Europe de l'Ouest — 140
148. L'Europe Centrale et l'Europe de l'Est — 140
149. Les pays de l'ex-U.R.S.S. — 141
150. L'Asie — 141
151. L'Amérique du Nord — 142
152. L'Amérique Centrale et l'Amérique du Sud — 142
153. L'Afrique — 143
154. L'Australie et Océanie — 143
155. Les grandes villes — 143

GUIDE DE PRONONCIATION

Lettre	Exemple en indonésien	Alphabet phonétique T&P	Exemple en français
Aa	zaman	[a]	classe
Bb	besar	[b]	bureau
Cc	kecil, cepat	[tʃ]	match
Dd	dugaan	[d]	document
Ee	segera, mencium	[e], [ə]	vers
Ff	berfungsi	[f]	formule
Gg	juga, lagi	[g]	gris
Hh	hanya, bahwa	[h]	[h] aspiré
Ii	izin, sebagai ganti	[i], [j]	stylo, maillot
Jj	setuju, ijin	[dʒ]	tadjik
Kk	kemudian, tidak	[k], [ʔ]	bocal, coup de glotte
Ll	dilarang	[l]	vélo
Mm	melihat	[m]	minéral
Nn	berenang	[n], [ŋ]	ananas, parking
Oo	toko roti	[o:]	tableau
Pp	peribahasa	[p]	panama
Qq	Aquarius	[k]	bocal
Rr	ratu, riang	[r]	rouge
Ss	sendok, syarat	[s], [ʃ]	syndicat, chariot
Tt	tamu, adat	[t]	tennis
Uu	ambulans	[u]	boulevard
Vv	renovasi	[v]	rivière
Ww	pariwisata	[w]	iguane
Xx	boxer	[ks]	taxi
Yy	banyak, syarat	[j]	maillot
Zz	zamrud	[z]	gazeuse

Combinaisons de lettres

aa	maaf	[aʔa]	a+coup de glotte
kh	khawatir	[h]	[h] aspiré
th	Gereja Lutheran	[t]	tennis
-k	tidak	[ʔ]	coup de glotte

ABRÉVIATIONS
employées dans ce livre

Abréviations en français

adj	- adjective
adv	- adverbe
anim.	- animé
conj	- conjonction
dénombr.	- dénombrable
etc.	- et cetera
f	- nom féminin
f pl	- féminin pluriel
fam.	- familiar
fem.	- féminin
form.	- formal
inanim.	- inanimé
indénombr.	- indénombrable
m	- nom masculin
m pl	- masculin pluriel
m, f	- masculin, féminin
masc.	- masculin
math	- mathematics
mil.	- militaire
pl	- pluriel
prep	- préposition
pron	- pronom
qch	- quelque chose
qn	- quelqu'un
sing.	- singulier
v aux	- verbe auxiliaire
v imp	- verbe impersonnel
vi	- verbe intransitif
vi, vt	- verbe intransitif, transitif
vp	- verbe pronominal
vt	- verbe transitif

CONCEPTS DE BASE

Concepts de base. Partie 1

1. Les pronoms

je	saya, aku	[saja], [aku]
tu	engkau, kamu	[eŋkau], [kamu]
il, elle, ça	beliau, dia, ia	[beliau], [dia], [ia]
nous	kami, kita	[kami], [kita]
vous	kalian	[kalian]
vous (form., sing.)	Anda	[anda]
vous (form., pl)	Anda sekalian	[anda sekalian]
ils, elles	mereka	[mereka]

2. Adresser des vœux. Se dire bonjour. Se dire au revoir

Bonjour! (fam.)	Halo!	[halo!]
Bonjour! (form.)	Halo!	[halo!]
Bonjour! (le matin)	Selamat pagi!	[slamat pagi!]
Bonjour! (après-midi)	Selamat siang!	[slamat siaŋ!]
Bonsoir!	Selamat sore!	[slamat sore!]
dire bonjour	menyapa	[mənjapa]
Salut!	Hai!	[hey!]
salut (m)	sambutan, salam	[sambutan], [salam]
saluer (vt)	menyambut	[mənjambut]
Comment ça va?	Apa kabar?	[apa kabar?]
Quoi de neuf?	Apa yang baru?	[apa yaŋ baru?]
Au revoir! (form.)	Selamat tinggal!	[slamat tiŋgal!],
	Selamat jalan!	[slamat dʒʲalan!]
Au revoir! (fam.)	Dadah!	[dadah!]
À bientôt!	Sampai bertemu lagi!	[sampaj bərtemu lagi!]
Adieu! (fam.)	Sampai jumpa!	[sampaj dʒʲumpa!]
Adieu! (form.)	Selamat tinggal!	[slamat tiŋgal!]
dire au revoir	berpamitan	[bərpamitan]
Salut! (À bientôt!)	Sampai nanti!	[sampaj nanti!]
Merci!	Terima kasih!	[tərima kasih!]
Merci beaucoup!	Terima kasih banyak!	[tərima kasih banjaʔ!]
Je vous en prie	Kembali! Sama-sama!	[kembali!], [sama-sama!]
Il n'y a pas de quoi	Kembali!	[kembali!]
Pas de quoi	Kembali!	[kembali!]
Excuse-moi! Excusez-moi!	Maaf, ...	[maʔaf, ...]
excuser (vt)	memaafkan	[memaʔafkan]

s'excuser (vp)	meminta maaf	[meminta ma'af]
Mes excuses	Maafkan saya	[ma'afkan saja]
Pardonnez-moi!	Maaf!	[ma'af!]
pardonner (vt)	memaafkan	[mema'afkan]
C'est pas grave	Tidak apa-apa!	[tida' apa-apa!]
s'il vous plaît	tolong	[toloŋ]
N'oubliez pas!	Jangan lupa!	[dʒʲaŋan lupa!]
Bien sûr!	Tentu!	[tentu!]
Bien sûr que non!	Tentu tidak!	[tentu tidaʔ!]
D'accord!	Baiklah! Baik!	[bajklah!], [bajʔ!]
Ça suffit!	Cukuplah!	[tʃukuplah!]

3. Comment s'adresser à quelqu'un

Excusez-moi!	Maaf, …	[ma'af, …]
monsieur	tuan	[tuan]
madame	nyonya	[nenja]
madame (mademoiselle)	nona	[nona]
jeune homme	nak	[naʔ]
petit garçon	nak, bocah	[nak], [botʃah]
petite fille	nak	[naʔ]

4. Les nombres cardinaux. Partie 1

zéro	nol	[nol]
un	satu	[satu]
deux	dua	[dua]
trois	tiga	[tiga]
quatre	empat	[empat]
cinq	lima	[lima]
six	enam	[enam]
sept	tujuh	[tudʒʲuh]
huit	delapan	[delapan]
neuf	sembilan	[sembilan]
dix	sepuluh	[sepuluh]
onze	sebelas	[sebelas]
douze	dua belas	[dua belas]
treize	tiga belas	[tiga belas]
quatorze	empat belas	[empat belas]
quinze	lima belas	[lima belas]
seize	enam belas	[enam belas]
dix-sept	tujuh belas	[tudʒʲuh belas]
dix-huit	delapan belas	[delapan belas]
dix-neuf	sembilan belas	[sembilan belas]
vingt	dua puluh	[dua puluh]
vingt et un	dua puluh satu	[dua puluh satu]
vingt-deux	dua puluh dua	[dua puluh dua]

vingt-trois	**dua puluh tiga**	[dua puluh tiga]
trente	**tiga puluh**	[tiga puluh]
trente et un	**tiga puluh satu**	[tiga puluh satu]
trente-deux	**tiga puluh dua**	[tiga puluh dua]
trente-trois	**tiga puluh tiga**	[tiga puluh tiga]
quarante	**empat puluh**	[empat puluh]
quarante et un	**empat puluh satu**	[empat puluh satu]
quarante-deux	**empat puluh dua**	[empat puluh dua]
quarante-trois	**empat puluh tiga**	[empat puluh tiga]
cinquante	**lima puluh**	[lima puluh]
cinquante et un	**lima puluh satu**	[lima puluh satu]
cinquante-deux	**lima puluh dua**	[lima puluh dua]
cinquante-trois	**lima puluh tiga**	[lima puluh tiga]
soixante	**enam puluh**	[enam puluh]
soixante et un	**enam puluh satu**	[enam puluh satu]
soixante-deux	**enam puluh dua**	[enam puluh dua]
soixante-trois	**enam puluh tiga**	[enam puluh tiga]
soixante-dix	**tujuh puluh**	[tudʒˈuh puluh]
soixante et onze	**tujuh puluh satu**	[tudʒˈuh puluh satu]
soixante-douze	**tujuh puluh dua**	[tudʒˈuh puluh dua]
soixante-treize	**tujuh puluh tiga**	[tudʒˈuh puluh tiga]
quatre-vingts	**delapan puluh**	[delapan puluh]
quatre-vingt et un	**delapan puluh satu**	[delapan puluh satu]
quatre-vingt deux	**delapan puluh dua**	[delapan puluh dua]
quatre-vingt trois	**delapan puluh tiga**	[delapan puluh tiga]
quatre-vingt-dix	**sembilan puluh**	[sembilan puluh]
quatre-vingt et onze	**sembulan puluh satu**	[sembulan puluh satu]
quatre-vingt-douze	**sembilan puluh dua**	[sembilan puluh dua]
quatre-vingt-treize	**sembilan puluh tiga**	[sembilan puluh tiga]

5. Les nombres cardinaux. Partie 2

cent	**seratus**	[seratus]
deux cents	**dua ratus**	[dua ratus]
trois cents	**tiga ratus**	[tiga ratus]
quatre cents	**empat ratus**	[empat ratus]
cinq cents	**lima ratus**	[lima ratus]
six cents	**enam ratus**	[enam ratus]
sept cents	**tujuh ratus**	[tudʒˈuh ratus]
huit cents	**delapan ratus**	[delapan ratus]
neuf cents	**sembilan ratus**	[sembilan ratus]
mille	**seribu**	[seribu]
deux mille	**dua ribu**	[dua ribu]
trois mille	**tiga ribu**	[tiga ribu]
dix mille	**sepuluh ribu**	[sepuluh ribu]
cent mille	**seratus ribu**	[seratus ribu]

| million (m) | juta | [dʒˈuta] |
| milliard (m) | miliar | [miliar] |

6. Les nombres ordinaux

premier (adj)	pertama	[pərtama]
deuxième (adj)	kedua	[kedua]
troisième (adj)	ketiga	[ketiga]
quatrième (adj)	keempat	[keempat]
cinquième (adj)	kelima	[kelima]

sixième (adj)	keenam	[keenam]
septième (adj)	ketujuh	[ketudʒˈuh]
huitième (adj)	kedelapan	[kedelapan]
neuvième (adj)	kesembilan	[kesembilan]
dixième (adj)	kesepuluh	[kesepuluh]

7. Les nombres. Fractions

fraction (f)	pecahan	[petʃahan]
un demi	seperdua	[seperdua]
un tiers	sepertiga	[sepertiga]
un quart	seperempat	[seperempat]

un huitième	seperdelapan	[seperdelapan]
un dixième	sepersepuluh	[sepersepuluh]
deux tiers	dua pertiga	[dua pərtiga]
trois quarts	tiga perempat	[tiga pərempat]

8. Les nombres. Opérations mathématiques

soustraction (f)	pengurangan	[peŋuraŋan]
soustraire (vt)	mengurangkan	[məŋuraŋkan]
division (f)	pembagian	[pembagian]
diviser (vt)	membagi	[membagi]

addition (f)	penambahan	[penambahan]
additionner (vt)	menambahkan	[mənambahkan]
ajouter (vt)	menambahkan	[mənambahkan]
multiplication (f)	pengalian	[peŋalian]
multiplier (vt)	mengalikan	[məŋalikan]

9. Les nombres. Divers

chiffre (m)	angka	[aŋka]
nombre (m)	nomor	[nomor]
adjectif (m) numéral	kata bilangan	[kata bilaŋan]
moins (m)	minus	[minus]

plus (m)	plus	[plus]
formule (f)	rumus	[rumus]
calcul (m)	perhitungan	[pərhituŋan]
compter (vt)	menghitung	[məŋhituŋ]
calculer (vt)	menghitung	[məŋhituŋ]
comparer (vt)	membandingkan	[membandiŋkan]
Combien?	Berapa?	[bərapa?]
somme (f)	jumlah	[dʒjumlah]
résultat (m)	hasil	[hasil]
reste (m)	sisa, baki	[sisa], [baki]
quelques …	beberapa	[beberapa]
peu de …	sedikit	[sedikit]
reste (m)	selebihnya, sisanya	[selebihnja], [sisanja]
un et demi	satu setengah	[satu seteŋah]
douzaine (f)	lusin	[lusin]
en deux (adv)	dua bagian	[dua bagian]
en parties égales	rata	[rata]
moitié (f)	setengah	[seteŋah]
fois (f)	kali	[kali]

10. Les verbes les plus importants. Partie 1

aider (vt)	membantu	[membantu]
aimer (qn)	mencintai	[məntʃintaj]
aller (à pied)	berjalan	[bərdʒjalan]
apercevoir (vt)	memperhatikan	[memperhatikan]
appartenir à …	kepunyaan …	[kepunjaʔan …]
appeler (au secours)	memanggil	[memaŋgil]
attendre (vt)	menunggu	[mənuŋgu]
attraper (vt)	menangkap	[mənaŋkap]
avertir (vt)	memperingatkan	[memperiŋatkan]
avoir (vt)	mempunyai	[mempunjaj]
avoir confiance	mempercayai	[mempertʃajaj]
avoir faim	lapar	[lapar]
avoir peur	takut	[takut]
avoir soif	haus	[haus]
cacher (vt)	menyembunyikan	[mənjembunjikan]
casser (briser)	memecahkan	[memetʃahkan]
cesser (vt)	menghentikan	[məŋhentikan]
changer (vt)	mengubah	[məŋubah]
chasser (animaux)	berburu	[bərburu]
chercher (vt)	mencari …	[məntʃari …]
choisir (vt)	memilih	[memilih]
commander (~ le menu)	memesan	[memesan]
commencer (vt)	memulai, membuka	[memulaj], [membuka]
comparer (vt)	membandingkan	[membandiŋkan]

comprendre (vt)	mengerti	[məŋerti]
compter (dénombrer)	menghitung	[məŋhituŋ]
compter sur ...	mengharapkan ...	[məŋharapkan ...]
confondre (vt)	bingung membedakan	[biŋuŋ membedakan]
connaître (qn)	kenal	[kenal]
conseiller (vt)	menasihati	[mənasihati]
continuer (vt)	meneruskan	[məneruskan]
contrôler (vt)	mengontrol	[məŋontrol]
courir (vi)	lari	[lari]
coûter (vt)	berharga	[bərharga]
créer (vt)	menciptakan	[məntʃiptakan]
creuser (vt)	menggali	[məŋgali]
crier (vi)	berteriak	[bərteriaʔ]

11. Les verbes les plus importants. Partie 2

décorer (~ la maison)	menghiasi	[məŋhiasi]
défendre (vt)	membela	[membela]
déjeuner (vi)	makan siang	[makan siaŋ]
demander (~ l'heure)	bertanya	[bərtanja]
demander (de faire qch)	meminta	[meminta]
descendre (vi)	turun	[turun]
deviner (vt)	menerka	[mənerka]
dîner (vi)	makan malam	[makan malam]
dire (vt)	berkata	[bərkata]
diriger (~ une usine)	memimpin	[memimpin]
discuter (vt)	membicarakan	[membitʃarakan]
donner (vt)	memberi	[memberi]
donner un indice	memberi petunjuk	[memberi petundʒ‿uʔ]
douter (vt)	ragu-ragu	[ragu-ragu]
écrire (vt)	menulis	[mənulis]
entendre (bruit, etc.)	mendengar	[məndeŋar]
entrer (vi)	masuk, memasuki	[masuk], [memasuki]
envoyer (vt)	mengirim	[məŋirim]
espérer (vi)	berharap	[bərharap]
essayer (vt)	mencoba	[məntʃoba]
être (~ fatigué)	sedang	[sedaŋ]
être (~ médecin)	ialah, adalah	[ialah], [adalah]
être d'accord	setuju	[setudʒ‿u]
être nécessaire	dibutuhkan	[dibutuhkan]
être pressé	tergesa-gesa	[tərgesa-gesa]
étudier (vt)	mempelajari	[mempeladʒ‿ari]
excuser (vt)	memaafkan	[memaʔafkan]
exiger (vt)	menuntut	[mənuntut]
exister (vi)	ada	[ada]
expliquer (vt)	menjelaskan	[məndʒ‿elaskan]
faire (vt)	membuat	[membuat]

faire tomber	tercecer	[tərtʃetʃer]
finir (vt)	mengakhiri	[məŋahiri]
garder (conserver)	menyimpan	[mənjimpan]
gronder, réprimander (vt)	memarahi, menegur	[memarahi], [menegur]
informer (vt)	menginformasikan	[məŋinformasikan]
insister (vi)	mendesak	[məndesaʔ]
insulter (vt)	menghina	[məŋhina]
inviter (vt)	mengundang	[məŋundaŋ]
jouer (s'amuser)	bermain	[bərmajn]

12. Les verbes les plus importants. Partie 3

libérer (ville, etc.)	membebaskan	[membebaskan]
lire (vi, vt)	membaca	[membatʃa]
louer (prendre en location)	menyewa	[mənjewa]
manquer (l'école)	absen	[absen]
menacer (vt)	mengancam	[məŋantʃam]
mentionner (vt)	menyebut	[mənjebut]
montrer (vt)	menunjukkan	[mənundʒˈuʔkan]
nager (vi)	berenang	[bərenaŋ]
objecter (vt)	keberatan	[keberatan]
observer (vt)	mengamati	[məŋamati]
ordonner (mil.)	memerintahkan	[memerintahkan]
oublier (vt)	melupakan	[melupakan]
ouvrir (vt)	membuka	[membuka]
pardonner (vt)	memaafkan	[memaʔafkan]
parler (vi, vt)	berbicara	[bərbitʃara]
participer à …	turut serta	[turut serta]
payer (régler)	membayar	[membajar]
penser (vi, vt)	berpikir	[bərpikir]
permettre (vt)	mengizinkan	[məŋizinkan]
plaire (être apprécié)	suka	[suka]
plaisanter (vi)	bergurau	[bərgurau]
planifier (vt)	merencanakan	[merentʃanakan]
pleurer (vi)	menangis	[mənaŋis]
posséder (vt)	memiliki	[memiliki]
pouvoir (v aux)	bisa	[bisa]
préférer (vt)	lebih suka	[lebih suka]
prendre (vt)	mengambil	[məŋambil]
prendre en note	mencatat	[məntʃatat]
prendre le petit déjeuner	sarapan	[sarapan]
préparer (le dîner)	memasak	[memasaʔ]
prévoir (vt)	menduga	[mənduga]
prier (~ Dieu)	bersembahyang, berdoa	[bərsembahjaŋ], [bərdoa]
promettre (vt)	berjanji	[bərdʒˈandʒi]
prononcer (vt)	melafalkan	[melafalkan]
proposer (vt)	mengusulkan	[məŋusulkan]
punir (vt)	menghukum	[məŋhukum]

13. Les verbes les plus importants. Partie 4

recommander (vt)	merekomendasi	[merekomendasi]
regretter (vt)	menyesal	[mənjesal]
répéter (dire encore)	mengulangi	[məŋulaŋi]
répondre (vi, vt)	menjawab	[məndʒʲawab]
réserver (une chambre)	memesan	[memesan]
rester silencieux	diam	[diam]
réunir (regrouper)	menyatukan	[mənjatukan]
rire (vi)	tertawa	[tərtawa]
s'arrêter (vp)	berhenti	[bərhenti]
s'asseoir (vp)	duduk	[duduʔ]
sauver (la vie à qn)	menyelamatkan	[mənjelamatkan]
savoir (qch)	tahu	[tahu]
se baigner (vp)	berenang	[bərenaŋ]
se plaindre (vp)	mengeluh	[məŋeluh]
se refuser (vp)	menolak	[mənolaʔ]
se tromper (vp)	salah	[salah]
se vanter (vp)	membual	[membual]
s'étonner (vp)	heran	[heran]
s'excuser (vp)	meminta maaf	[meminta ma'af]
signer (vt)	menandatangani	[mənandataŋani]
signifier (vt)	berarti	[bərarti]
s'intéresser (vp)	menaruh minat pada ...	[mənaruh minat pada ...]
sortir (aller dehors)	keluar	[keluar]
sourire (vi)	tersenyum	[tərsenyum]
sous-estimer (vt)	meremehkan	[meremehkan]
suivre ... (suivez-moi)	mengikuti ...	[məŋikuti ...]
tirer (vi)	menembak	[mənembaʔ]
tomber (vi)	jatuh	[dʒʲatuh]
toucher (avec les mains)	menyentuh	[mənjentuh]
tourner (~ à gauche)	membelok	[membeloʔ]
traduire (vt)	menerjemahkan	[mənerdʒʲemahkan]
travailler (vi)	bekerja	[bekerdʒʲa]
tromper (vt)	menipu	[mənipu]
trouver (vt)	menemukan	[mənemukan]
tuer (vt)	membunuh	[membunuh]
vendre (vt)	menjual	[məndʒʲual]
venir (vi)	datang	[dataŋ]
voir (vt)	melihat	[melihat]
voler (avion, oiseau)	terbang	[tərbaŋ]
voler (qch à qn)	mencuri	[məntʃuri]
vouloir (vt)	mau, ingin	[mau], [iŋin]

14. Les couleurs

couleur (f)	warna	[warna]
teinte (f)	nuansa	[nuansa]

ton (m)	warna	[warna]
arc-en-ciel (m)	pelangi	[pelaŋi]
blanc (adj)	putih	[putih]
noir (adj)	hitam	[hitam]
gris (adj)	kelabu	[kelabu]
vert (adj)	hijau	[hidʒʲau]
jaune (adj)	kuning	[kuniŋ]
rouge (adj)	merah	[merah]
bleu (adj)	biru	[biru]
bleu clair (adj)	biru muda	[biru muda]
rose (adj)	pink	[pinˀ]
orange (adj)	oranye, jingga	[oranje], [dʒiŋga]
violet (adj)	violet, ungu muda	[violet], [uŋu muda]
brun (adj)	cokelat	[tʃokelat]
d'or (adj)	keemasan	[keemasan]
argenté (adj)	keperakan	[keperakan]
beige (adj)	abu-abu kecokelatan	[abu-abu ketʃokelatan]
crème (adj)	krem	[krem]
turquoise (adj)	pirus	[pirus]
rouge cerise (adj)	merah tua	[merah tua]
lilas (adj)	ungu	[uŋu]
framboise (adj)	merah lembayung	[merah lembajuŋ]
clair (adj)	terang	[teraŋ]
foncé (adj)	gelap	[gelap]
vif (adj)	terang	[teraŋ]
de couleur (adj)	berwarna	[bərwarna]
en couleurs (adj)	warna	[warna]
noir et blanc (adj)	hitam-putih	[hitam-putih]
unicolore (adj)	polos, satu warna	[polos], [satu warna]
multicolore (adj)	berwarna-warni	[bərwarna-warni]

15. Les questions

Qui?	Siapa?	[siapa?]
Quoi?	Apa?	[apa?]
Où? (~ es-tu?)	Di mana?	[di mana?]
Où? (~ vas-tu?)	Ke mana?	[ke mana?]
D'où?	Dari mana?	[dari mana?]
Quand?	Kapan?	[kapan?]
Pourquoi? (~ es-tu venu?)	Mengapa?	[məŋapa?]
Pourquoi? (~ t'es pâle?)	Mengapa?	[məŋapa?]
À quoi bon?	Untuk apa?	[untuˀ apa?]
Comment?	Bagaimana?	[bagajmana?]
Quel? (à ~ prix?)	Apa? Yang mana?	[apa?], [yaŋ mana?]
Lequel?	Yang mana?	[yaŋ mana?]
À qui? (pour qui?)	Kepada siapa? Untuk siapa?	[kepada siapa?], [untuˀ siapa?]

De qui?	Tentang siapa?	[tentaŋ siapa?]
De quoi?	Tentang apa?	[tentaŋ apa?]
Avec qui?	Dengan siapa?	[deŋan siapa?]
Combien?	Berapa?	[bərapa?]
À qui?	Milik siapa?	[mili' siapa?]

16. Les prépositions

avec (~ toi)	dengan	[deŋan]
sans (~ sucre)	tanpa	[tanpa]
à (aller ~ ...)	ke	[ke]
de (au sujet de)	tentang ...	[tentaŋ ...]
avant (~ midi)	sebelum	[sebelum]
devant (~ la maison)	di depan ...	[di depan ...]
sous (~ la commode)	di bawah	[di bawah]
au-dessus de ...	di atas	[di atas]
sur (dessus)	di atas	[di atas]
de (venir ~ Paris)	dari	[dari]
en (en bois, etc.)	dari	[dari]
dans (~ deux heures)	dalam	[dalam]
par dessus	melalui	[melalui]

17. Les mots-outils. Les adverbes. Partie 1

Où? (~ es-tu?)	Di mana?	[di mana?]
ici (c'est ~)	di sini	[di sini]
là-bas (c'est ~)	di sana	[di sana]
quelque part (être)	di suatu tempat	[di suatu tempat]
nulle part (adv)	tak ada di mana pun	[ta' ada di mana pun]
près de ...	dekat	[dekat]
près de la fenêtre	dekat jendela	[dekat dʒʲendela]
Où? (~ vas-tu?)	Ke mana?	[ke mana?]
ici (Venez ~)	ke sini	[ke sini]
là-bas (j'irai ~)	ke sana	[ke sana]
d'ici (adv)	dari sini	[dari sini]
de là-bas (adv)	dari sana	[dari sana]
près (pas loin)	dekat	[dekat]
loin (adv)	jauh	[dʒʲauh]
près de (~ Paris)	dekat	[dekat]
tout près (adv)	dekat	[dekat]
pas loin (adv)	tidak jauh	[tida' dʒʲauh]
gauche (adj)	kiri	[kiri]
à gauche (être ~)	di kiri	[di kiri]

à gauche (tournez ~)	ke kiri	[ke kiri]
droit (adj)	kanan	[kanan]
à droite (être ~)	di kanan	[di kanan]
à droite (tournez ~)	ke kanan	[ke kanan]
devant (adv)	di depan	[di depan]
de devant (adj)	depan	[depan]
en avant (adv)	ke depan	[ke depan]
derrière (adv)	di belakang	[di belakaŋ]
par derrière (adv)	dari belakang	[dari belakaŋ]
en arrière (regarder ~)	mundur	[mundur]
milieu (m)	tengah	[teŋah]
au milieu (adv)	di tengah	[di teŋah]
de côté (vue ~)	di sisi, di samping	[di sisi], [di sampiŋ]
partout (adv)	di mana-mana	[di mana-mana]
autour (adv)	di sekitar	[di sekitar]
de l'intérieur	dari dalam	[dari dalam]
quelque part (aller)	ke suatu tempat	[ke suatu tempat]
tout droit (adv)	terus	[terus]
en arrière (revenir ~)	kembali	[kembali]
de quelque part (n'import d'où)	dari mana pun	[dari mana pun]
de quelque part (on ne sait pas d'où)	dari suatu tempat	[dari suatu tempat]
premièrement (adv)	pertama	[pərtama]
deuxièmement (adv)	kedua	[kedua]
troisièmement (adv)	ketiga	[ketiga]
soudain (adv)	tiba-tiba	[tiba-tiba]
au début (adv)	mula-mula	[mula-mula]
pour la première fois	untuk pertama kalinya	[untuʔ pərtama kalinja]
bien avant ...	jauh sebelum ...	[dʒauh sebelum ...]
de nouveau (adv)	kembali	[kembali]
pour toujours (adv)	untuk selama-lamanya	[untuʔ selama-lamanja]
jamais (adv)	tidak pernah	[tidaʔ pərnah]
de nouveau, encore (adv)	lagi, kembali	[lagi], [kembali]
maintenant (adv)	sekarang	[sekaraŋ]
souvent (adv)	sering, seringkali	[seriŋ], [seriŋkali]
alors (adv)	ketika itu	[ketika itu]
d'urgence (adv)	segera	[segera]
d'habitude (adv)	biasanya	[biasanja]
à propos, ...	ngomong-ngomong ...	[ŋomoŋ-ŋomoŋ ...]
c'est possible	mungkin	[muŋkin]
probablement (adv)	mungkin	[muŋkin]
peut-être (adv)	mungkin	[muŋkin]
en plus, ...	selain itu ...	[selajn itu ...]
c'est pourquoi ...	karena itu ...	[karena itu ...]
malgré ...	meskipun ...	[meskipun ...]

grâce à ...	berkat ...	[berkat ...]
quoi (pron)	apa	[apa]
que (conj)	bahwa	[bahwa]
quelque chose (Il m'est arrivé ~)	sesuatu	[sesuatu]
quelque chose (peut-on faire ~)	sesuatu	[sesuatu]
rien (m)	tidak sesuatu pun	[tida' sesuatu pun]
qui (pron)	siapa	[siapa]
quelqu'un (on ne sait pas qui)	seseorang	[seseoraŋ]
quelqu'un (n'importe qui)	seseorang	[seseoraŋ]
personne (pron)	tidak seorang pun	[tida' seoraŋ pun]
nulle part (aller ~)	tidak ke mana pun	[tida' ke mana pun]
de personne	tidak milik siapa pun	[tida' mili' siapa pun]
de n'importe qui	milik seseorang	[mili' seseoraŋ]
comme ça (adv)	sangat	[saŋat]
également (adv)	juga	[dʒʲuga]
aussi (adv)	juga	[dʒʲuga]

18. Les mots-outils. Les adverbes. Partie 2

Pourquoi?	Mengapa?	[məŋapa?]
pour une certaine raison	entah mengapa	[entah məŋapa]
parce que ...	karena ...	[karena ...]
pour une raison quelconque	untuk tujuan tertentu	[untu' tudʒʲuan tərtentu]
et (conj)	dan	[dan]
ou (conj)	atau	[atau]
mais (conj)	tetapi, namun	[tetapi], [namun]
pour ... (prep)	untuk	[untu']
trop (adv)	terlalu	[tərlalu]
seulement (adv)	hanya	[hanja]
précisément (adv)	tepat	[tepat]
près de ... (prep)	sekitar	[sekitar]
approximativement	kira-kira	[kira-kira]
approximatif (adj)	kira-kira	[kira-kira]
presque (adv)	hampir	[hampir]
reste (m)	selebihnya, sisanya	[selebihnja], [sisanja]
l'autre (adj)	kedua	[kedua]
autre (adj)	lain	[lain]
chaque (adj)	setiap	[setiap]
n'importe quel (adj)	sebarang	[sebaraŋ]
beaucoup (adv)	banyak	[banja']
plusieurs (pron)	banyak orang	[banja' oraŋ]
tous	semua	[semua]
en échange de ...	sebagai ganti ...	[sebagaj ganti ...]
en échange (adv)	sebagai gantinya	[sebagaj gantinja]

à la main (adv)	**dengan tangan**	[deŋan taŋan]
peu probable (adj)	**hampir tidak**	[hampir tidaʔ]
probablement (adv)	**mungkin**	[muŋkin]
exprès (adv)	**sengaja**	[seŋadʒʲa]
par accident (adv)	**tidak sengaja**	[tidaʔ seŋadʒʲa]
très (adv)	**sangat**	[saŋat]
par exemple (adv)	**misalnya**	[misalnja]
entre (prep)	**antara**	[antara]
parmi (prep)	**di antara**	[di antara]
autant (adv)	**banyak sekali**	[banjaʔ sekali]
surtout (adv)	**terutama**	[tərutama]

Concepts de base. Partie 2

19. Les jours de la semaine

lundi (m)	Hari Senin	[hari senin]
mardi (m)	Hari Selasa	[hari selasa]
mercredi (m)	Hari Rabu	[hari rabu]
jeudi (m)	Hari Kamis	[hari kamis]
vendredi (m)	Hari Jumat	[hari dʒʲumat]
samedi (m)	Hari Sabtu	[hari sabtu]
dimanche (m)	Hari Minggu	[hari miŋgu]
aujourd'hui (adv)	hari ini	[hari ini]
demain (adv)	besok	[besoʔ]
après-demain (adv)	besok lusa	[besoʔ lusa]
hier (adv)	kemarin	[kemarin]
avant-hier (adv)	kemarin dulu	[kemarin dulu]
jour (m)	hari	[hari]
jour (m) ouvrable	hari kerja	[hari kerdʒʲa]
jour (m) férié	hari libur	[hari libur]
jour (m) de repos	hari libur	[hari libur]
week-end (m)	akhir pekan	[ahir pekan]
toute la journée	seharian	[seharian]
le lendemain	hari berikutnya	[hari berikutnja]
il y a 2 jours	dua hari lalu	[dua hari lalu]
la veille	hari sebelumnya	[hari sebelumnja]
quotidien (adj)	harian	[harian]
tous les jours	tiap hari	[tiap hari]
semaine (f)	minggu	[miŋgu]
la semaine dernière	minggu lalu	[miŋgu lalu]
la semaine prochaine	minggu berikutnya	[miŋgu berikutnja]
hebdomadaire (adj)	mingguan	[miŋguan]
chaque semaine	tiap minggu	[tiap miŋgu]
2 fois par semaine	dua kali seminggu	[dua kali semiŋgu]
tous les mardis	tiap Hari Selasa	[tiap hari selasa]

20. Les heures. Le jour et la nuit

matin (m)	pagi	[pagi]
le matin	pada pagi hari	[pada pagi hari]
midi (m)	tengah hari	[teŋah hari]
dans l'après-midi	pada sore hari	[pada sore hari]
soir (m)	sore, malam	[sore], [malam]
le soir	waktu sore	[waktu sore]

nuit (f)	malam	[malam]
la nuit	pada malam hari	[pada malam hari]
minuit (f)	tengah malam	[teŋah malam]
seconde (f)	detik	[detiʔ]
minute (f)	menit	[menit]
heure (f)	jam	[dʒʲam]
demi-heure (f)	setengah jam	[seteŋah dʒʲam]
un quart d'heure	seperempat jam	[seperempat dʒʲam]
quinze minutes	lima belas menit	[lima belas menit]
vingt-quatre heures	siang-malam	[siaŋ-malam]
lever (m) du soleil	matahari terbit	[matahari tərbit]
aube (f)	subuh	[subuh]
point (m) du jour	dini pagi	[dini pagi]
coucher (m) du soleil	matahari terbenam	[matahari tərbenam]
tôt le matin	pagi-pagi	[pagi-pagi]
ce matin	pagi ini	[pagi ini]
demain matin	besok pagi	[besoʔ pagi]
cet après-midi	sore ini	[sore ini]
dans l'après-midi	pada sore hari	[pada sore hari]
demain après-midi	besok sore	[besoʔ sore]
ce soir	sore ini	[sore ini]
demain soir	besok malam	[besoʔ malam]
à 3 heures précises	pukul 3 tepat	[pukul tiga tepat]
autour de 4 heures	sekitar pukul 4	[sekitar pukul empat]
vers midi	pada pukul 12	[pada pukul belas]
dans 20 minutes	dalam 20 menit	[dalam dua puluh menit]
dans une heure	dalam satu jam	[dalam satu dʒʲam]
à temps	tepat waktu	[tepat waktu]
... moins le quart	... kurang seperempat	[... kuraŋ seperempat]
en une heure	selama sejam	[selama sedʒʲam]
tous les quarts d'heure	tiap 15 menit	[tiap lima belas menit]
24 heures sur 24	siang-malam	[siaŋ-malam]

21. Les mois. Les saisons

janvier (m)	Januari	[dʒʲanuari]
février (m)	Februari	[februari]
mars (m)	Maret	[maret]
avril (m)	April	[april]
mai (m)	Mei	[mei]
juin (m)	Juni	[dʒʲuni]
juillet (m)	Juli	[dʒʲuli]
août (m)	Augustus	[augustus]
septembre (m)	September	[september]
octobre (m)	Oktober	[oktober]

novembre (m)	**November**	[november]
décembre (m)	**Desember**	[desember]
printemps (m)	**musim semi**	[musim semi]
au printemps	**pada musim semi**	[pada musim semi]
de printemps (adj)	**musim semi**	[musim semi]
été (m)	**musim panas**	[musim panas]
en été	**pada musim panas**	[pada musim panas]
d'été (adj)	**musim panas**	[musim panas]
automne (m)	**musim gugur**	[musim gugur]
en automne	**pada musim gugur**	[pada musim gugur]
d'automne (adj)	**musim gugur**	[musim gugur]
hiver (m)	**musim dingin**	[musim diŋin]
en hiver	**pada musim dingin**	[pada musim diŋin]
d'hiver (adj)	**musim dingin**	[musim diŋin]
mois (m)	**bulan**	[bulan]
ce mois	**bulan ini**	[bulan ini]
le mois prochain	**bulan depan**	[bulan depan]
le mois dernier	**bulan lalu**	[bulan lalu]
il y a un mois	**sebulan lalu**	[sebulan lalu]
dans un mois	**dalam satu bulan**	[dalam satu bulan]
dans 2 mois	**dalam 2 bulan**	[dalam dua bulan]
tout le mois	**sepanjang bulan**	[sepandʒˈaŋ bulan]
tout un mois	**sebulan penuh**	[sebulan penuh]
mensuel (adj)	**bulanan**	[bulanan]
mensuellement	**tiap bulan**	[tiap bulan]
chaque mois	**tiap bulan**	[tiap bulan]
2 fois par mois	**dua kali sebulan**	[dua kali sebulan]
année (f)	**tahun**	[tahun]
cette année	**tahun ini**	[tahun ini]
l'année prochaine	**tahun depan**	[tahun depan]
l'année dernière	**tahun lalu**	[tahun lalu]
il y a un an	**setahun lalu**	[setahun lalu]
dans un an	**dalam satu tahun**	[dalam satu tahun]
dans 2 ans	**dalam 2 tahun**	[dalam dua tahun]
toute l'année	**sepanjang tahun**	[sepandʒˈaŋ tahun]
toute une année	**setahun penuh**	[setahun penuh]
chaque année	**tiap tahun**	[tiap tahun]
annuel (adj)	**tahunan**	[tahunan]
annuellement	**tiap tahun**	[tiap tahun]
4 fois par an	**empat kali setahun**	[empat kali setahun]
date (f) (jour du mois)	**tanggal**	[taŋgal]
date (f) (~ mémorable)	**tanggal**	[taŋgal]
calendrier (m)	**kalender**	[kalender]
six mois	**setengah tahun**	[seteŋah tahun]
semestre (m)	**enam bulan**	[enam bulan]

saison (f)	musim	[musim]
siècle (m)	abad	[abad]

22. Les unités de mesure

poids (m)	berat	[berat]
longueur (f)	panjang	[pandʒiaŋ]
largeur (f)	lebar	[lebar]
hauteur (f)	ketinggian	[ketiŋgian]
profondeur (f)	kedalaman	[kedalaman]
volume (m)	volume, isi	[volume], [isi]
aire (f)	luas	[luas]
gramme (m)	gram	[gram]
milligramme (m)	miligram	[miligram]
kilogramme (m)	kilogram	[kilogram]
tonne (f)	ton	[ton]
livre (f)	pon	[pon]
once (f)	ons	[ons]
mètre (m)	meter	[meter]
millimètre (m)	milimeter	[milimeter]
centimètre (m)	sentimeter	[sentimeter]
kilomètre (m)	kilometer	[kilometer]
mille (m)	mil	[mil]
pouce (m)	inci	[intʃi]
pied (m)	kaki	[kaki]
yard (m)	yard	[yard]
mètre (m) carré	meter persegi	[meter pərsegi]
hectare (m)	hektar	[hektar]
litre (m)	liter	[liter]
degré (m)	derajat	[deradʒiat]
volt (m)	volt	[volt]
ampère (m)	ampere	[ampere]
cheval-vapeur (m)	tenaga kuda	[tenaga kuda]
quantité (f)	kuantitas	[kuantitas]
un peu de ...	sedikit ...	[sedikit ...]
moitié (f)	setengah	[setəŋah]
douzaine (f)	lusin	[lusin]
pièce (f)	buah	[buah]
dimension (f)	ukuran	[ukuran]
échelle (f) (de la carte)	skala	[skala]
minimal (adj)	minimal	[minimal]
le plus petit (adj)	terkecil	[tərketʃil]
moyen (adj)	sedang	[sedaŋ]
maximal (adj)	maksimal	[maksimal]
le plus grand (adj)	terbesar	[tərbesar]

23. Les récipients

bocal (m) en verre	gelas	[gelas]
boîte, canette (f)	kaleng	[kalen]
seau (m)	ember	[ember]
tonneau (m)	tong	[toŋ]
bassine, cuvette (f)	baskom	[baskom]
cuve (f)	tangki	[taŋki]
flasque (f)	pelples	[pelples]
jerrican (m)	jeriken	[dʒⁱeriken]
citerne (f)	tangki	[taŋki]
tasse (f), mug (m)	mangkuk	[maŋkuʔ]
tasse (f)	cangkir	[tʃaŋkir]
soucoupe (f)	alas cangkir	[alas tʃaŋkir]
verre (m) (~ d'eau)	gelas	[gelas]
verre (m) à vin	gelas anggur	[gelas aŋgur]
faitout (m)	panci	[pantʃi]
bouteille (f)	botol	[botol]
goulot (m)	leher	[leher]
carafe (f)	karaf	[karaf]
pichet (m)	kendi	[kendi]
récipient (m)	wadah	[wadah]
pot (m)	pot	[pot]
vase (m)	vas	[vas]
flacon (m)	botol	[botol]
fiole (f)	botol kecil	[botol ketʃil]
tube (m)	tabung	[tabuŋ]
sac (m) (grand ~)	karung	[karuŋ]
sac (m) (~ en plastique)	kantong	[kantoŋ]
paquet (m) (~ de cigarettes)	bungkus	[buŋkus]
boîte (f)	kotak, kardus	[kotak], [kardus]
caisse (f)	kotak	[kotaʔ]
panier (m)	bakul	[bakul]

L'HOMME

L'homme. Le corps humain

24. La tête

tête (f)	kepala	[kepala]
visage (m)	wajah	[wadʒˈah]
nez (m)	hidung	[hiduŋ]
bouche (f)	mulut	[mulut]
œil (m)	mata	[mata]
les yeux	mata	[mata]
pupille (f)	pupil, biji mata	[pupil], [bidʒi mata]
sourcil (m)	alis	[alis]
cil (m)	bulu mata	[bulu mata]
paupière (f)	kelopak mata	[kelopaʔ mata]
langue (f)	lidah	[lidah]
dent (f)	gigi	[gigi]
lèvres (f pl)	bibir	[bibir]
pommettes (f pl)	tulang pipi	[tulaŋ pipi]
gencive (f)	gusi	[gusi]
palais (m)	langit-langit mulut	[laŋit-laŋit mulut]
narines (f pl)	lubang hidung	[lubaŋ hiduŋ]
menton (m)	dagu	[dagu]
mâchoire (f)	rahang	[rahaŋ]
joue (f)	pipi	[pipi]
front (m)	dahi	[dahi]
tempe (f)	pelipis	[pelipis]
oreille (f)	telinga	[teliŋa]
nuque (f)	tengkuk	[teŋkuʔ]
cou (m)	leher	[leher]
gorge (f)	tenggorok	[teŋgoroʔ]
cheveux (m pl)	rambut	[rambut]
coiffure (f)	tatanan rambut	[tatanan rambut]
coupe (f)	potongan rambut	[potoŋan rambut]
perruque (f)	wig, rambut palsu	[wig], [rambut palsu]
moustache (f)	kumis	[kumis]
barbe (f)	janggut	[dʒˈaŋgut]
porter (~ la barbe)	memelihara	[memelihara]
tresse (f)	kepang	[kepaŋ]
favoris (m pl)	brewok	[brewoʔ]
roux (adj)	merah pirang	[merah piraŋ]
gris, grisonnant (adj)	beruban	[beruban]

chauve (adj)	botak, plontos	[botak], [plontos]
calvitie (f)	botak	[botaʔ]
queue (f) de cheval	ekor kuda	[ekor kuda]
frange (f)	poni rambut	[poni rambut]

25. Le corps humain

main (f)	tangan	[taŋan]
bras (m)	lengan	[leŋan]
doigt (m)	jari	[dʒˈari]
orteil (m)	jari	[dʒˈari]
pouce (m)	jempol	[dʒˈempol]
petit doigt (m)	jari kelingking	[dʒˈari keliŋkiŋ]
ongle (m)	kuku	[kuku]
poing (m)	kepalan tangan	[kepalan taŋan]
paume (f)	telapak	[telapaʔ]
poignet (m)	pergelangan	[pərgelaŋan]
avant-bras (m)	lengan bawah	[leŋan bawah]
coude (m)	siku	[siku]
épaule (f)	bahu	[bahu]
jambe (f)	kaki	[kaki]
pied (m)	telapak kaki	[telapaʔ kaki]
genou (m)	lutut	[lutut]
mollet (m)	betis	[betis]
hanche (f)	paha	[paha]
talon (m)	tumit	[tumit]
corps (m)	tubuh	[tubuh]
ventre (m)	perut	[perut]
poitrine (f)	dada	[dada]
sein (m)	payudara	[pajudara]
côté (m)	rusuk	[rusuʔ]
dos (m)	punggung	[puŋguŋ]
reins (région lombaire)	pinggang bawah	[piŋgaŋ bawah]
taille (f) (~ de guêpe)	pinggang	[piŋgaŋ]
nombril (m)	pusar	[pusar]
fesses (f pl)	pantat	[pantat]
derrière (m)	pantat	[pantat]
grain (m) de beauté	tanda lahir	[tanda lahir]
tache (f) de vin	tanda lahir	[tanda lahir]
tatouage (m)	tato	[tato]
cicatrice (f)	parut luka	[parut luka]

Les vêtements & les accessoires

26. Les vêtements d'extérieur

vêtement (m)	pakaian	[pakajan]
survêtement (m)	pakaian luar	[pakajan luar]
vêtement (m) d'hiver	pakaian musim dingin	[pakajan musim diŋin]
manteau (m)	mantel	[mantel]
manteau (m) de fourrure	mantel bulu	[mantel bulu]
veste (f) de fourrure	jaket bulu	[dʒʲaket bulu]
manteau (m) de duvet	jaket bulu halus	[dʒʲaket bulu halus]
veste (f) (~ en cuir)	jaket	[dʒʲaket]
imperméable (m)	jas hujan	[dʒʲas hudʒʲan]
imperméable (adj)	kedap air	[kedap air]

27. Men's & women's clothing

chemise (f)	kemeja	[kemedʒʲa]
pantalon (m)	celana	[tʃelana]
jean (m)	celana jins	[tʃelana dʒins]
veston (m)	jas	[dʒʲas]
complet (m)	setelan	[setelan]
robe (f)	gaun	[gaun]
jupe (f)	rok	[roʔ]
chemisette (f)	blus	[blus]
veste (f) en laine	jaket wol	[dʒʲaket wol]
jaquette (f), blazer (m)	jaket	[dʒʲaket]
tee-shirt (m)	baju kaus	[badʒʲu kaus]
short (m)	celana pendek	[tʃelana pendeʔ]
costume (m) de sport	pakaian olahraga	[pakajan olahraga]
peignoir (m) de bain	jubah mandi	[dʒʲubah mandi]
pyjama (m)	piyama	[piyama]
chandail (m)	sweter	[sweter]
pull-over (m)	pulover	[pulover]
gilet (m)	rompi	[rompi]
queue-de-pie (f)	jas berbuntut	[dʒʲas bərbuntut]
smoking (m)	jas malam	[dʒʲas malam]
uniforme (m)	seragam	[seragam]
tenue (f) de travail	pakaian kerja	[pakajan kerdʒʲa]
salopette (f)	baju monyet	[badʒʲu monjet]
blouse (f) (d'un médecin)	jas	[dʒʲas]

28. Les sous-vêtements

sous-vêtements (m pl)	pakaian dalam	[pakajan dalam]
boxer (m)	celana dalam lelaki	[tʃelana dalam lelaki]
slip (m) de femme	celana dalam wanita	[tʃelana dalam wanita]
maillot (m) de corps	singlet	[siŋlet]
chaussettes (f pl)	kaus kaki	[kaus kaki]
chemise (f) de nuit	baju tidur	[badʒʲu tidur]
soutien-gorge (m)	beha	[beha]
chaussettes (f pl) hautes	kaus kaki selutut	[kaus kaki selutut]
collants (m pl)	pantihos	[pantihos]
bas (m pl)	kaus kaki panjang	[kaus kaki pandʒʲaŋ]
maillot (m) de bain	baju renang	[badʒʲu renaŋ]

29. Les chapeaux

chapeau (m)	topi	[topi]
chapeau (m) feutre	topi bulat	[topi bulat]
casquette (f) de base-ball	topi bisbol	[topi bisbol]
casquette (f)	topi pet	[topi pet]
béret (m)	baret	[baret]
capuche (f)	kerudung kepala	[keruduŋ kepala]
panama (m)	topi panama	[topi panama]
bonnet (m) de laine	topi rajut	[topi radʒʲut]
foulard (m)	tudung kepala	[tuduŋ kepala]
chapeau (m) de femme	topi wanita	[topi wanita]
casque (m) (d'ouvriers)	topi baja	[topi badʒʲa]
calot (m)	topi lipat	[topi lipat]
casque (m) (~ de moto)	helm	[helm]
melon (m)	topi bulat	[topi bulat]
haut-de-forme (m)	topi tinggi	[topi tiŋgi]

30. Les chaussures

chaussures (f pl)	sepatu	[sepatu]
bottines (f pl)	sepatu bot	[sepatu bot]
souliers (m pl) (~ plats)	sepatu wanita	[sepatu wanita]
bottes (f pl)	sepatu lars	[sepatu lars]
chaussons (m pl)	pantofel	[pantofel]
tennis (m pl)	sepatu tenis	[sepatu tenis]
baskets (f pl)	sepatu kets	[sepatu kets]
sandales (f pl)	sandal	[sandal]
cordonnier (m)	tukang sepatu	[tukaŋ sepatu]
talon (m)	tumit	[tumit]

paire (f)	**sepasang**	[sepasaŋ]
lacet (m)	**tali sepatu**	[tali sepatu]
lacer (vt)	**mengikat tali**	[məŋikat tali]
chausse-pied (m)	**sendok sepatu**	[sendo' sepatu]
cirage (m)	**semir sepatu**	[semir sepatu]

31. Les accessoires personnels

gants (m pl)	**sarung tangan**	[saruŋ taŋan]
moufles (f pl)	**sarung tangan**	[saruŋ taŋan]
écharpe (f)	**selendang**	[selendaŋ]
lunettes (f pl)	**kacamata**	[katʃamata]
monture (f)	**bingkai**	[biŋkaj]
parapluie (m)	**payung**	[pajuŋ]
canne (f)	**tongkat jalan**	[toŋkat dʒʲalan]
brosse (f) à cheveux	**sikat rambut**	[sikat rambut]
éventail (m)	**kipas**	[kipas]
cravate (f)	**dasi**	[dasi]
nœud papillon (m)	**dasi kupu-kupu**	[dasi kupu-kupu]
bretelles (f pl)	**bretel**	[bretel]
mouchoir (m)	**sapu tangan**	[sapu taŋan]
peigne (m)	**sisir**	[sisir]
barrette (f)	**jepit rambut**	[dʒʲepit rambut]
épingle (f) à cheveux	**harnal**	[harnal]
boucle (f)	**gesper**	[gesper]
ceinture (f)	**sabuk**	[sabu']
bandoulière (f)	**tali tas**	[tali tas]
sac (m)	**tas**	[tas]
sac (m) à main	**tas tangan**	[tas taŋan]
sac (m) à dos	**ransel**	[ransel]

32. Les vêtements. Divers

mode (f)	**mode**	[mode]
à la mode (adj)	**modis**	[modis]
couturier, créateur de mode	**perancang busana**	[perantʃaŋ busana]
col (m)	**kerah**	[kerah]
poche (f)	**saku**	[saku]
de poche (adj)	**saku**	[saku]
manche (f)	**lengan**	[leŋan]
bride (f)	**tali kait**	[tali kait]
braguette (f)	**golbi**	[golbi]
fermeture (f) à glissière	**ritsleting**	[ritsletiŋ]
agrafe (f)	**kancing**	[kantʃiŋ]
bouton (m)	**kancing**	[kantʃiŋ]

boutonnière (f)	lubang kancing	[luban kantʃin]
s'arracher (bouton)	terlepas	[tərlepas]
coudre (vi, vt)	menjahit	[məndʒʲahit]
broder (vt)	membordir	[membordir]
broderie (f)	bordiran	[bordiran]
aiguille (f)	jarum	[dʒʲarum]
fil (m)	benang	[benaŋ]
couture (f)	setik	[setiʔ]
se salir (vp)	kena kotor	[kena kotor]
tache (f)	bercak	[bertʃaʔ]
se froisser (vp)	kumal	[kumal]
déchirer (vt)	merobek	[merobeʔ]
mite (f)	ngengat	[ŋeŋat]

33. L'hygiène corporelle. Les cosmétiques

dentifrice (m)	pasta gigi	[pasta gigi]
brosse (f) à dents	sikat gigi	[sikat gigi]
se brosser les dents	menggosok gigi	[məŋgosoʔ gigi]
rasoir (m)	pisau cukur	[pisau tʃukur]
crème (f) à raser	krim cukur	[krim tʃukur]
se raser (vp)	bercukur	[bərtʃukur]
savon (m)	sabun	[sabun]
shampooing (m)	sampo	[sampo]
ciseaux (m pl)	gunting	[guntiŋ]
lime (f) à ongles	kikir kuku	[kikir kuku]
pinces (f pl) à ongles	pemotong kuku	[pemotoŋ kuku]
pince (f) à épiler	pinset	[pinset]
produits (m pl) de beauté	kosmetik	[kosmetiʔ]
masque (m) de beauté	masker	[masker]
manucure (f)	manikur	[manikur]
se faire les ongles	melakukan manikur	[melakukan manikur]
pédicurie (f)	pedi	[pedi]
trousse (f) de toilette	tas kosmetik	[tas kosmetiʔ]
poudre (f)	bedak	[bedaʔ]
poudrier (m)	kotak bedak	[kotaʔ bedaʔ]
fard (m) à joues	perona pipi	[perona pipi]
parfum (m)	parfum	[parfum]
eau (f) de toilette	minyak wangi	[minjaʔ waŋi]
lotion (f)	losion	[losjon]
eau de Cologne (f)	kolonye	[kolone]
fard (m) à paupières	pewarna mata	[pewarna mata]
crayon (m) à paupières	pensil alis	[pensil alis]
mascara (m)	celak	[tʃelaʔ]
rouge (m) à lèvres	lipstik	[lipstiʔ]

vernis (m) à ongles	kuteks, cat kuku	[kuteks], [tʃat kuku]
laque (f) pour les cheveux	semprotan rambut	[semprotan rambut]
déodorant (m)	deodoran	[deodoran]
crème (f)	krim	[krim]
crème (f) pour le visage	krim wajah	[krim wadʒʲah]
crème (f) pour les mains	krim tangan	[krim taŋan]
crème (f) anti-rides	krim antikerut	[krim antikerut]
crème (f) de jour	krim siang	[krim siaŋ]
crème (f) de nuit	krim malam	[krim malam]
de jour (adj)	siang	[siaŋ]
de nuit (adj)	malam	[malam]
tampon (m)	tampon	[tampon]
papier (m) de toilette	kertas toilet	[kertas toylet]
sèche-cheveux (m)	pengering rambut	[peŋeriŋ rambut]

34. Les montres. Les horloges

montre (f)	arloji	[arlodʒi]
cadran (m)	piringan jam	[piriŋan dʒʲam]
aiguille (f)	jarum	[dʒʲarum]
bracelet (m)	rantai arloji	[rantaj arlodʒi]
bracelet (m) (en cuir)	tali arloji	[tali arlodʒi]
pile (f)	baterai	[bateraj]
être déchargé	mati	[mati]
changer de pile	mengganti baterai	[meŋganti bateraj]
avancer (vi)	cepat	[tʃepat]
retarder (vi)	terlambat	[tərlambat]
pendule (f)	jam dinding	[dʒʲam dindiŋ]
sablier (m)	jam pasir	[dʒʲam pasir]
cadran (m) solaire	jam matahari	[dʒʲam matahari]
réveil (m)	weker	[weker]
horloger (m)	tukang jam	[tukaŋ dʒʲam]
réparer (vt)	mereparasi, memperbaiki	[mereparasi], [memperbajki]

Les aliments. L'alimentation

35. Les aliments

viande (f)	daging	[dagiŋ]
poulet (m)	ayam	[ajam]
poulet (m) (poussin)	anak ayam	[anaʔ ajam]
canard (m)	bebek	[bebeʔ]
oie (f)	angsa	[aŋsa]
gibier (m)	binatang buruan	[binataŋ buruan]
dinde (f)	kalkun	[kalkun]
du porc	daging babi	[dagiŋ babi]
du veau	daging anak sapi	[dagiŋ anaʔ sapi]
du mouton	daging domba	[dagiŋ domba]
du bœuf	daging sapi	[dagiŋ sapi]
lapin (m)	kelinci	[kelintʃi]
saucisson (m)	sosis	[sosis]
saucisse (f)	sosis	[sosis]
bacon (m)	bakon	[beykon]
jambon (m)	ham, daging kornet	[ham], [dagiŋ kornet]
cuisse (f)	ham	[ham]
pâté (m)	pasta	[pasta]
foie (m)	hati	[hati]
farce (f)	daging giling	[dagiŋ giliŋ]
langue (f)	lidah	[lidah]
œuf (m)	telur	[telur]
les œufs	telur	[telur]
blanc (m) d'œuf	putih telur	[putih telur]
jaune (m) d'œuf	kuning telur	[kuniŋ telur]
poisson (m)	ikan	[ikan]
fruits (m pl) de mer	makanan laut	[makanan laut]
crustacés (m pl)	krustasea	[krustasea]
caviar (m)	caviar	[kaviar]
crabe (m)	kepiting	[kepitiŋ]
crevette (f)	udang	[udaŋ]
huître (f)	tiram	[tiram]
langoustine (f)	lobster berduri	[lobster bərduri]
poulpe (m)	gurita	[gurita]
calamar (m)	cumi-cumi	[tʃumi-tʃumi]
esturgeon (m)	ikan sturgeon	[ikan sturdʒien]
saumon (m)	salmon	[salmon]
flétan (m)	ikan turbot	[ikan turbot]
morue (f)	ikan kod	[ikan kod]

maquereau (m)	ikan kembung	[ikan kembuŋ]
thon (m)	tuna	[tuna]
anguille (f)	belut	[belut]
truite (f)	ikan forel	[ikan forel]
sardine (f)	sarden	[sarden]
brochet (m)	ikan pike	[ikan paik]
hareng (m)	ikan haring	[ikan hariŋ]
pain (m)	roti	[roti]
fromage (m)	keju	[kedʒʲu]
sucre (m)	gula	[gula]
sel (m)	garam	[garam]
riz (m)	beras, nasi	[beras], [nasi]
pâtes (m pl)	makaroni	[makaroni]
nouilles (f pl)	mi	[mi]
beurre (m)	mentega	[məntega]
huile (f) végétale	minyak nabati	[minjaʔ nabati]
huile (f) de tournesol	minyak bunga matahari	[minjaʔ buŋa matahari]
margarine (f)	margarin	[margarin]
olives (f pl)	buah zaitun	[buah zajtun]
huile (f) d'olive	minyak zaitun	[minjaʔ zajtun]
lait (m)	susu	[susu]
lait (m) condensé	susu kental	[susu kental]
yogourt (m)	yogurt	[yogurt]
crème (f) aigre	krim asam	[krim asam]
crème (f) (de lait)	krim, kepala susu	[krim], [kepala susu]
sauce (f) mayonnaise	mayones	[majones]
crème (f) au beurre	krim	[krim]
gruau (m)	menir	[menir]
farine (f)	tepung	[tepuŋ]
conserves (f pl)	makanan kalengan	[makanan kaleŋan]
pétales (m pl) de maïs	emping jagung	[empiŋ dʒʲaguŋ]
miel (m)	madu	[madu]
confiture (f)	selai	[selaj]
gomme (f) à mâcher	permen karet	[pərmen karet]

36. Les boissons

eau (f)	air	[air]
eau (f) potable	air minum	[air minum]
eau (f) minérale	air mineral	[air mineral]
plate (adj)	tanpa gas	[tanpa gas]
gazeuse (l'eau ~)	berkarbonasi	[bərkarbonasi]
pétillante (adj)	bergas	[bərgas]
glace (f)	es	[es]

avec de la glace	dengan es	[deŋan es]
sans alcool	tanpa alkohol	[tanpa alkohol]
boisson (f) non alcoolisée	minuman ringan	[minuman riŋan]
rafraîchissement (m)	minuman penygar	[minuman penigar]
limonade (f)	limun	[limun]
boissons (f pl) alcoolisées	minoman beralkohol	[minoman bəralkohol]
vin (m)	anggur	[aŋgur]
vin (m) blanc	anggur putih	[aŋgur putih]
vin (m) rouge	anggur merah	[aŋgur merah]
liqueur (f)	likeur	[likeur]
champagne (m)	sampanye	[sampanje]
vermouth (m)	vermouth	[vermut]
whisky (m)	wiski	[wiski]
vodka (f)	vodka	[vodka]
gin (m)	jin, jenewer	[dʒin], [dʒʲenewer]
cognac (m)	konyak	[konjaʔ]
rhum (m)	rum	[rum]
café (m)	kopi	[kopi]
café (m) noir	kopi pahit	[kopi pahit]
café (m) au lait	kopi susu	[kopi susu]
cappuccino (m)	cappuccino	[kaputʃino]
café (m) soluble	kopi instan	[kopi instan]
lait (m)	susu	[susu]
cocktail (m)	koktail	[koktajl]
cocktail (m) au lait	susu kocok	[susu kotʃoʔ]
jus (m)	jus	[dʒʲus]
jus (m) de tomate	jus tomat	[dʒʲus tomat]
jus (m) d'orange	jus jeruk	[dʒʲus dʒʲeruʔ]
jus (m) pressé	jus peras	[dʒʲus pəras]
bière (f)	bir	[bir]
bière (f) blonde	bir putih	[bir putih]
bière (f) brune	bir hitam	[bir hitam]
thé (m)	teh	[teh]
thé (m) noir	teh hitam	[teh hitam]
thé (m) vert	teh hijau	[teh hidʒʲau]

37. Les légumes

légumes (m pl)	sayuran	[sajuran]
verdure (f)	sayuran hijau	[sajuran hidʒʲau]
tomate (f)	tomat	[tomat]
concombre (m)	mentimun, ketimun	[məntimun], [ketimun]
carotte (f)	wortel	[wortel]
pomme (f) de terre	kentang	[kentaŋ]
oignon (m)	bawang	[bawaŋ]

ail (m)	bawang putih	[bawaŋ putih]
chou (m)	kol	[kol]
chou-fleur (m)	kembang kol	[kembaŋ kol]
chou (m) de Bruxelles	kol Brussels	[kol brusels]
brocoli (m)	brokoli	[brokoli]
betterave (f)	ubi bit merah	[ubi bit merah]
aubergine (f)	terung, terong	[teruŋ], [teroŋ]
courgette (f)	labu siam	[labu siam]
potiron (m)	labu	[labu]
navet (m)	turnip	[turnip]
persil (m)	peterseli	[peterseli]
fenouil (m)	adas sowa	[adas sowa]
laitue (f) (salade)	selada	[selada]
céleri (m)	seledri	[seledri]
asperge (f)	asparagus	[asparagus]
épinard (m)	bayam	[bajam]
pois (m)	kacang polong	[katʃaŋ poloŋ]
fèves (f pl)	kacang-kacangan	[katʃaŋ-katʃaŋan]
maïs (m)	jagung	[dʒʲaguŋ]
haricot (m)	kacang buncis	[katʃaŋ buntʃis]
poivron (m)	cabai	[tʃabaj]
radis (m)	radis	[radis]
artichaut (m)	artisyok	[artiʃoʔ]

38. Les fruits. Les noix

fruit (m)	buah	[buah]
pomme (f)	apel	[apel]
poire (f)	pir	[pir]
citron (m)	jeruk sitrun	[dʒʲeruʔ sitrun]
orange (f)	jeruk manis	[dʒʲeruʔ manis]
fraise (f)	stroberi	[stroberi]
mandarine (f)	jeruk mandarin	[dʒʲeruʔ mandarin]
prune (f)	plum	[plum]
pêche (f)	persik	[persiʔ]
abricot (m)	aprikot	[aprikot]
framboise (f)	buah frambus	[buah frambus]
ananas (m)	nanas	[nanas]
banane (f)	pisang	[pisaŋ]
pastèque (f)	semangka	[semaŋka]
raisin (m)	buah anggur	[buah aŋgur]
cerise (f)	buah ceri asam	[buah tʃeri asam]
merise (f)	buah ceri manis	[buah tʃeri manis]
melon (m)	melon	[melon]
pamplemousse (m)	jeruk Bali	[dʒʲeruʔ bali]
avocat (m)	avokad	[avokad]
papaye (f)	pepaya	[pepaja]

mangue (f)	mangga	[maŋga]
grenade (f)	buah delima	[buah delima]
groseille (f) rouge	redcurrant	[redkaren]
cassis (m)	blackcurrant	[bleʔkaren]
groseille (f) verte	buah arbei hijau	[buah arbei hidʒʲau]
myrtille (f)	buah bilberi	[buah bilberi]
mûre (f)	beri hitam	[beri hitam]
raisin (m) sec	kismis	[kismis]
figue (f)	buah ara	[buah ara]
datte (f)	buah kurma	[buah kurma]
cacahuète (f)	kacang tanah	[katʃaŋ tanah]
amande (f)	badam	[badam]
noix (f)	buah walnut	[buah walnut]
noisette (f)	kacang hazel	[katʃaŋ hazel]
noix (f) de coco	buah kelapa	[buah kelapa]
pistaches (f pl)	badam hijau	[badam hidʒʲau]

39. Le pain. Les confiseries

confiserie (f)	kue-mue	[kue-mue]
pain (m)	roti	[roti]
biscuit (m)	biskuit	[biskuit]
chocolat (m)	cokelat	[tʃokelat]
en chocolat (adj)	cokelat	[tʃokelat]
bonbon (m)	permen	[pərmen]
gâteau (m), pâtisserie (f)	kue	[kue]
tarte (f)	kue tar	[kue tar]
gâteau (m)	pai	[pai]
garniture (f)	inti	[inti]
confiture (f)	selai buah utuh	[selaj buah utuh]
marmelade (f)	marmelade	[marmelade]
gaufre (f)	wafel	[wafel]
glace (f)	es krim	[es krim]
pudding (m)	puding	[pudiŋ]

40. Les plats cuisinês

plat (m)	masakan, hidangan	[masakan], [hidaŋan]
cuisine (f)	masakan	[masakan]
recette (f)	resep	[resep]
portion (f)	porsi	[porsi]
salade (f)	salada	[salada]
soupe (f)	sup	[sup]
bouillon (m)	kaldu	[kaldu]
sandwich (m)	roti lapis	[roti lapis]

les œufs brouillés	telur mata sapi	[telur mata sapi]
hamburger (m)	hamburger	[hamburger]
steak (m)	bistik	[bistiʔ]
garniture (f)	lauk	[lauʔ]
spaghettis (m pl)	spageti	[spageti]
purée (f)	kentang tumbuk	[kentaŋ tumbuʔ]
pizza (f)	piza	[piza]
bouillie (f)	bubur	[bubur]
omelette (f)	telur dadar	[telur dadar]
cuit à l'eau (adj)	rebus	[rebus]
fumé (adj)	asap	[asap]
frit (adj)	goreng	[goreŋ]
sec (adj)	kering	[keriŋ]
congelé (adj)	beku	[beku]
mariné (adj)	marinade	[marinade]
sucré (adj)	manis	[manis]
salé (adj)	asin	[asin]
froid (adj)	dingin	[diŋin]
chaud (adj)	panas	[panas]
amer (adj)	pahit	[pahit]
bon (savoureux)	enak	[enaʔ]
cuire à l'eau	merebus	[merebus]
préparer (le dîner)	memasak	[memasaʔ]
faire frire	menggoreng	[məŋgoreŋ]
réchauffer (vt)	memanaskan	[memanaskan]
saler (vt)	menggarami	[məŋgarami]
poivrer (vt)	membubuh merica	[membubuh meritʃa]
râper (vt)	memarut	[memarut]
peau (f)	kulit	[kulit]
éplucher (vt)	mengupas	[məŋupas]

41. Les épices

sel (m)	garam	[garam]
salé (adj)	asin	[asin]
saler (vt)	menggarami	[məŋgarami]
poivre (m) noir	merica	[meritʃa]
poivre (m) rouge	cabai merah	[tʃabaj merah]
moutarde (f)	mustar	[mustar]
raifort (m)	lobak pedas	[lobaʔ pedas]
condiment (m)	bumbu	[bumbu]
épice (f)	rempah-rempah	[rempah-rempah]
sauce (f)	saus	[saus]
vinaigre (m)	cuka	[tʃuka]
anis (m)	adas manis	[adas manis]
basilic (m)	selasih	[selasih]

clou (m) de girofle	cengkih	[ʧeŋkih]
gingembre (m)	jahe	[dʒʲahe]
coriandre (m)	ketumbar	[ketumbar]
cannelle (f)	kayu manis	[kaju manis]
sésame (m)	wijen	[widʒʲen]
feuille (f) de laurier	daun salam	[daun salam]
paprika (m)	cabai	[ʧabaj]
cumin (m)	jintan	[dʒintan]
safran (m)	kuma-kuma	[kuma-kuma]

42. Les repas

nourriture (f)	makanan	[makanan]
manger (vi, vt)	makan	[makan]
petit déjeuner (m)	makan pagi, sarapan	[makan pagi], [sarapan]
prendre le petit déjeuner	sarapan	[sarapan]
déjeuner (m)	makan siang	[makan siaŋ]
déjeuner (vi)	makan siang	[makan siaŋ]
dîner (m)	makan malam	[makan malam]
dîner (vi)	makan malam	[makan malam]
appétit (m)	nafsu makan	[nafsu makan]
Bon appétit!	Selamat makan!	[selamat makan!]
ouvrir (vt)	membuka	[membuka]
renverser (liquide)	menumpahkan	[mənumpahkan]
bouillir (vi)	mendidih	[məndidih]
faire bouillir	mendidihkan	[məndidihkan]
bouilli (l'eau ~e)	masak	[masaʔ]
refroidir (vt)	mendinginkan	[məndiŋinkan]
se refroidir (vp)	mendingin	[məndiŋin]
goût (m)	rasa	[rasa]
arrière-goût (m)	nuansa rasa	[nuansa rasa]
suivre un régime	berdiet	[berdiet]
régime (m)	diet, pola makan	[diet], [pola makan]
vitamine (f)	vitamin	[vitamin]
calorie (f)	kalori	[kalori]
végétarien (m)	vegetarian	[vegetarian]
végétarien (adj)	vegetarian	[vegetarian]
lipides (m pl)	lemak	[lemaʔ]
protéines (f pl)	protein	[protein]
glucides (m pl)	karbohidrat	[karbohidrat]
tranche (f)	irisan	[irisan]
morceau (m)	potongan	[potoŋan]
miette (f)	remah	[remah]

43. Le dressage de la table

cuillère (f)	**sendok**	[sendoʔ]
couteau (m)	**pisau**	[pisau]
fourchette (f)	**garpu**	[garpu]
tasse (f)	**cangkir**	[tʃaŋkir]
assiette (f)	**piring**	[piriŋ]
soucoupe (f)	**alas cangkir**	[alas tʃaŋkir]
serviette (f)	**serbet**	[serbet]
cure-dent (m)	**tusuk gigi**	[tusuʔ gigi]

44. Le restaurant

restaurant (m)	**restoran**	[restoran]
salon (m) de café	**warung kopi**	[waruŋ kopi]
bar (m)	**bar**	[bar]
salon (m) de thé	**warung teh**	[waruŋ teh]
serveur (m)	**pelayan lelaki**	[pelajan lelaki]
serveuse (f)	**pelayan perempuan**	[pelajan pərempuan]
barman (m)	**pelayan bar**	[pelajan bar]
carte (f)	**menu**	[menu]
carte (f) des vins	**daftar anggur**	[daftar aŋgur]
réserver une table	**memesan meja**	[memesan medʒʲa]
plat (m)	**masakan, hidangan**	[masakan], [hidaŋan]
commander (vt)	**memesan**	[memesan]
faire la commande	**memesan**	[memesan]
apéritif (m)	**aperitif**	[aperitif]
hors-d'œuvre (m)	**makanan ringan**	[makanan riŋan]
dessert (m)	**hidangan penutup**	[hidaŋan penutup]
addition (f)	**bon**	[bon]
régler l'addition	**membayar bon**	[membajar bon]
rendre la monnaie	**memberikan uang kembalian**	[memberikan uaŋ kembalian]
pourboire (m)	**tip**	[tip]

La famille. Les parents. Les amis

45. Les données personnelles. Les formulaires

prénom (m)	nama, nama depan	[nama], [nama depan]
nom (m) de famille	nama keluarga	[nama keluarga]
date (f) de naissance	tanggal lahir	[taŋgal lahir]
lieu (m) de naissance	tempat lahir	[tempat lahir]
nationalité (f)	kebangsaan	[kebaŋsa'an]
domicile (m)	tempat tinggal	[tempat tiŋgal]
pays (m)	negara, negeri	[negara], [negeri]
profession (f)	profesi	[profesi]
sexe (m)	jenis kelamin	[dʒenis kelamin]
taille (f)	tinggi badan	[tiŋgi badan]
poids (m)	berat	[berat]

46. La famille. Les liens de parenté

mère (f)	ibu	[ibu]
père (m)	ayah	[ajah]
fils (m)	anak lelaki	[ana' lelaki]
fille (f)	anak perempuan	[ana' pərempuan]
fille (f) cadette	anak perempuan bungsu	[ana' pərempuan buŋsu]
fils (m) cadet	anak lelaki bungsu	[ana' lelaki buŋsu]
fille (f) aînée	anak perempuan sulung	[ana' pərempuan suluŋ]
fils (m) aîné	anak lelaki sulung	[ana' lelaki suluŋ]
frère (m)	saudara lelaki	[saudara lelaki]
frère (m) aîné	kakak lelaki	[kaka' lelaki]
frère (m) cadet	adik lelaki	[adi' lelaki]
sœur (f)	saudara perempuan	[saudara pərempuan]
sœur (f) aînée	kakak perempuan	[kaka' pərempuan]
sœur (f) cadette	adik perempuan	[adi' pərempuan]
cousin (m)	sepupu lelaki	[sepupu lelaki]
cousine (f)	sepupu perempuan	[sepupu pərempuan]
maman (f)	mama, ibu	[mama], [ibu]
papa (m)	papa, ayah	[papa], [ajah]
parents (m pl)	orang tua	[oraŋ tua]
enfant (m, f)	anak	[ana']
enfants (pl)	anak-anak	[ana'-ana']
grand-mère (f)	nenek	[nene']
grand-père (m)	kakek	[kake']

petit-fils (m)	cucu laki-laki	[tʃutʃu laki-laki]
petite-fille (f)	cucu perempuan	[tʃutʃu pərempuan]
petits-enfants (pl)	cucu	[tʃutʃu]
oncle (m)	paman	[paman]
tante (f)	bibi	[bibi]
neveu (m)	keponakan laki-laki	[keponakan laki-laki]
nièce (f)	keponakan perempuan	[keponakan pərempuan]
belle-mère (f)	ibu mertua	[ibu mertua]
beau-père (m)	ayah mertua	[ajah mertua]
gendre (m)	menantu laki-laki	[mənantu laki-laki]
belle-mère (f)	ibu tiri	[ibu tiri]
beau-père (m)	ayah tiri	[ajah tiri]
nourrisson (m)	bayi	[baji]
bébé (m)	bayi	[baji]
petit (m)	bocah cilik	[botʃah tʃili']
femme (f)	istri	[istri]
mari (m)	suami	[suami]
époux (m)	suami	[suami]
épouse (f)	istri	[istri]
marié (adj)	menikah, beristri	[mənikah], [bəristri]
mariée (adj)	menikah, bersuami	[mənikah], [bərsuami]
célibataire (adj)	bujang	[budʒʲaŋ]
célibataire (m)	bujang	[budʒʲaŋ]
divorcé (adj)	bercerai	[bərtʃeraj]
veuve (f)	janda	[dʒʲanda]
veuf (m)	duda	[duda]
parent (m)	kerabat	[kerabat]
parent (m) proche	kerabat dekat	[kerabat dekat]
parent (m) éloigné	kerabat jauh	[kerabat dʒʲauh]
parents (m pl)	kerabat, sanak saudara	[kerabat], [sana' saudara]
orphelin (m), orpheline (f)	yatim piatu	[yatim piatu]
tuteur (m)	wali	[wali]
adopter (un garçon)	mengadopsi	[məŋadopsi]
adopter (une fille)	mengadopsi	[məŋadopsi]

La médecine

47. Les maladies

maladie (f)	penyakit	[penjakit]
être malade	sakit	[sakit]
santé (f)	kesehatan	[kesehatan]
rhume (m) (coryza)	hidung meler	[hiduŋ meler]
angine (f)	radang tonsil	[radaŋ tonsil]
refroidissement (m)	pilek, selesma	[pilek], [selesma]
prendre froid	masuk angin	[masuʔ aŋin]
bronchite (f)	bronkitis	[bronkitis]
pneumonie (f)	radang paru-paru	[radaŋ paru-paru]
grippe (f)	flu	[flu]
myope (adj)	rabun jauh	[rabun dʒʲauh]
presbyte (adj)	rabun dekat	[rabun dekat]
strabisme (m)	mata juling	[mata dʒʲuliŋ]
strabique (adj)	bermata juling	[bərmata dʒʲuliŋ]
cataracte (f)	katarak	[kataraʔ]
glaucome (m)	glaukoma	[glaukoma]
insulte (f)	stroke	[stroke]
crise (f) cardiaque	infark	[infarʔ]
infarctus (m) de myocarde	serangan jantung	[seraŋan dʒʲantuŋ]
paralysie (f)	kelumpuhan	[kelumpuhan]
paralyser (vt)	melumpuhkan	[melumpuhkan]
allergie (f)	alergi	[alergi]
asthme (m)	asma	[asma]
diabète (m)	diabetes	[diabetes]
mal (m) de dents	sakit gigi	[sakit gigi]
carie (f)	karies	[karies]
diarrhée (f)	diare	[diare]
constipation (f)	konstipasi, sembelit	[konstipasi], [sembelit]
estomac (m) barbouillé	gangguan pencernaan	[gaŋuan pentʃarnaʔan]
intoxication (f) alimentaire	keracunan makanan	[keratʃunan makanan]
être intoxiqué	keracunan makanan	[keratʃunan makanan]
arthrite (f)	artritis	[artritis]
rachitisme (m)	rakitis	[rakitis]
rhumatisme (m)	rematik	[rematiʔ]
athérosclérose (f)	aterosklerosis	[aterosklerosis]
gastrite (f)	radang perut	[radaŋ pərut]
appendicite (f)	apendisitis	[apendisitis]

cholécystite (f)	radang pundi empedu	[radaŋ pundi empedu]
ulcère (m)	tukak lambung	[tuka' lambuŋ]
rougeole (f)	penyakit campak	[penjakit tʃampa']
rubéole (f)	penyakit campak Jerman	[penjakit tʃampa' dʒˈerman]
jaunisse (f)	sakit kuning	[sakit kuniŋ]
hépatite (f)	hepatitis	[hepatitis]
schizophrénie (f)	skizofrenia	[skizofrenia]
rage (f) (hydrophobie)	rabies	[rabies]
névrose (f)	neurosis	[neurosis]
commotion (f) cérébrale	gegar otak	[gegar ota']
cancer (m)	kanker	[kanker]
sclérose (f)	sklerosis	[sklerosis]
sclérose (f) en plaques	sklerosis multipel	[sklerosis multipel]
alcoolisme (m)	alkoholisme	[alkoholisme]
alcoolique (m)	alkoholik	[alkoholi']
syphilis (f)	sifilis	[sifilis]
SIDA (m)	AIDS	[ajds]
tumeur (f)	tumor	[tumor]
maligne (adj)	ganas	[ganas]
bénigne (adj)	jinak	[dʒina']
fièvre (f)	demam	[demam]
malaria (f)	malaria	[malaria]
gangrène (f)	gangren	[gaŋren]
mal (m) de mer	mabuk laut	[mabu' laut]
épilepsie (f)	epilepsi	[epilepsi]
épidémie (f)	epidemi	[epidemi]
typhus (m)	tifus	[tifus]
tuberculose (f)	tuberkulosis	[tuberkulosis]
choléra (m)	kolera	[kolera]
peste (f)	penyakit pes	[penjakit pes]

48. Les symptômes. Le traitement. Partie 1

symptôme (m)	gejala	[gedʒˈala]
température (f)	temperatur, suhu	[temperatur], [suhu]
fièvre (f)	temperatur tinggi	[temperatur tiŋgi]
pouls (m)	denyut nadi	[denyut nadi]
vertige (m)	rasa pening	[rasa peniŋ]
chaud (adj)	panas	[panas]
frisson (m)	menggigil	[məngigil]
pâle (adj)	pucat	[putʃat]
toux (f)	batuk	[batu']
tousser (vi)	batuk	[batu']
éternuer (vi)	bersin	[bersin]
évanouissement (m)	pingsan	[piŋsan]

s'évanouir (vp)	jatuh pingsan	[dʒ'atuh piŋsan]
bleu (m)	luka memar	[luka memar]
bosse (f)	bengkak	[beŋkaʔ]
se heurter (vp)	terantuk	[tərantuʔ]
meurtrissure (f)	luka memar	[luka memar]
se faire mal	kena luka memar	[kena luka memar]
boiter (vi)	pincang	[pintʃaŋ]
foulure (f)	keseleo	[keseleo]
se démettre (l'épaule, etc.)	keseleo	[keseleo]
fracture (f)	fraktura, patah tulang	[fraktura], [patah tulaŋ]
avoir une fracture	patah tulang	[patah tulaŋ]
coupure (f)	teriris	[təriris]
se couper (~ le doigt)	teriris	[təriris]
hémorragie (f)	perdarahan	[pərdarahan]
brûlure (f)	luka bakar	[luka bakar]
se brûler (vp)	menderita luka bakar	[mənderita luka bakar]
se piquer (le doigt)	menusuk	[mənusuʔ]
se piquer (vp)	tertusuk	[tərtusuʔ]
blesser (vt)	melukai	[melukaj]
blessure (f)	cedera	[tʃedera]
plaie (f) (blessure)	luka	[luka]
trauma (m)	trauma	[trauma]
délirer (vi)	mengigau	[məŋigau]
bégayer (vi)	gagap	[gagap]
insolation (f)	sengatan matahari	[seŋatan matahari]

49. Les symptômes. Le traitement. Partie 2

douleur (f)	sakit	[sakit]
écharde (f)	selumbar	[selumbar]
sueur (f)	keringat	[keriŋat]
suer (vi)	berkeringat	[bərkeriŋat]
vomissement (m)	muntah	[muntah]
spasmes (m pl)	kram	[kram]
enceinte (adj)	hamil	[hamil]
naître (vi)	lahir	[lahir]
accouchement (m)	persalinan	[pərsalinan]
accoucher (vi)	melahirkan	[melahirkan]
avortement (m)	aborsi	[aborsi]
respiration (f)	pernapasan	[pərnapasan]
inhalation (f)	tarikan napas	[tarikan napas]
expiration (f)	napas keluar	[napas keluar]
expirer (vi)	mengembuskan napas	[məŋembuskan napas]
inspirer (vi)	menarik napas	[mənariʔ napas]
invalide (m)	penderita cacat	[penderita tʃatʃat]
handicapé (m)	penderita cacat	[penderita tʃatʃat]

drogué (m)	pecandu narkoba	[petʃandu narkoba]
sourd (adj)	tunarungu	[tunaruŋu]
muet (adj)	tunawicara	[tunawitʃara]
sourd-muet (adj)	tunarungu-wicara	[tunaruŋu-witʃara]
fou (adj)	gila	[gila]
fou (m)	lelaki gila	[lelaki gila]
folle (f)	perempuan gila	[pərempuan gila]
devenir fou	menggila	[məŋgila]
gène (m)	gen	[gen]
immunité (f)	imunitas	[imunitas]
héréditaire (adj)	turun-temurun	[turun-temurun]
congénital (adj)	bawaan	[bawa'an]
virus (m)	virus	[virus]
microbe (m)	mikroba	[mikroba]
bactérie (f)	bakteri	[bakteri]
infection (f)	infeksi	[infeksi]

50. Les symptômes. Le traitement. Partie 3

hôpital (m)	rumah sakit	[rumah sakit]
patient (m)	pasien	[pasien]
diagnostic (m)	diagnosis	[diagnosis]
cure (f) (faire une ~)	perawatan	[pərawatan]
traitement (m)	pengobatan medis	[peŋobatan medis]
se faire soigner	berobat	[bərobat]
traiter (un patient)	merawat	[merawat]
soigner (un malade)	merawat	[merawat]
soins (m pl)	pengasuhan	[peŋasuhan]
opération (f)	operasi, pembedahan	[operasi], [pembedahan]
panser (vt)	membalut	[membalut]
pansement (m)	pembalutan	[pembalutan]
vaccination (f)	vaksinasi	[vaksinasi]
vacciner (vt)	memvaksinasi	[memvaksinasi]
piqûre (f)	suntikan	[suntikan]
faire une piqûre	menyuntik	[mənyunti']
crise, attaque (f)	serangan	[seraŋan]
amputation (f)	amputasi	[amputasi]
amputer (vt)	mengamputasi	[məŋamputasi]
coma (m)	koma	[koma]
être dans le coma	dalam keadaan koma	[dalam keada'an koma]
réanimation (f)	perawatan intensif	[pərawatan intensif]
se rétablir (vp)	sembuh	[sembuh]
état (m) (de santé)	keadaan	[keada'an]
conscience (f)	kesadaran	[kesadaran]
mémoire (f)	memori, daya ingat	[memori], [daja iŋat]
arracher (une dent)	mencabut	[məntʃabut]

plombage (m)	**tambalan**	[tambalan]
plomber (vt)	**menambal**	[mənambal]
hypnose (f)	**hipnosis**	[hipnosis]
hypnotiser (vt)	**menghipnosis**	[məŋhipnosis]

51. Les médecins

médecin (m)	**dokter**	[dokter]
infirmière (f)	**suster, juru rawat**	[suster], [dʒʲuru rawat]
médecin (m) personnel	**dokter pribadi**	[dokter pribadi]
dentiste (m)	**dokter gigi**	[dokter gigi]
ophtalmologiste (m)	**dokter mata**	[dokter mata]
généraliste (m)	**ahli penyakit dalam**	[ahli penyakit dalam]
chirurgien (m)	**dokter bedah**	[dokter bedah]
psychiatre (m)	**psikiater**	[psikiater]
pédiatre (m)	**dokter anak**	[dokter anaʔ]
psychologue (m)	**psikolog**	[psikolog]
gynécologue (m)	**ginekolog**	[ginekolog]
cardiologue (m)	**kardiolog**	[kardiolog]

52. Les médicaments. Les accessoires

médicament (m)	**obat**	[obat]
remède (m)	**obat**	[obat]
prescrire (vt)	**meresepkan**	[meresepkan]
ordonnance (f)	**resep**	[resep]
comprimé (m)	**pil, tablet**	[pil], [tablet]
onguent (m)	**salep**	[salep]
ampoule (f)	**ampul**	[ampul]
mixture (f)	**obat cair**	[obat tʃajr]
sirop (m)	**sirop**	[sirop]
pilule (f)	**pil**	[pil]
poudre (f)	**bubuk**	[bubuʔ]
bande (f)	**perban**	[perban]
coton (m) (ouate)	**kapas**	[kapas]
iode (m)	**iodium**	[iodium]
sparadrap (m)	**plester obat**	[plester obat]
compte-gouttes (m)	**tetes mata**	[tetes mata]
thermomètre (m)	**termometer**	[tərmometər]
seringue (f)	**alat suntik**	[alat suntiʔ]
fauteuil (m) roulant	**kursi roda**	[kursi roda]
béquilles (f pl)	**kruk**	[kruʔ]
anesthésique (m)	**obat bius**	[obat bius]
purgatif (m)	**laksatif, obat pencuci perut**	[laksatif], [obat pentʃutʃi pərut]

alcool (m)	**spiritus, alkohol**	[spiritus], [alkohol]
herbe (f) médicinale	**tanaman obat**	[tanaman obat]
d'herbes (adj)	**herbal**	[herbal]

L'HABITAT HUMAIN

La ville

53. La ville. La vie urbaine

ville (f)	kota	[kota]
capitale (f)	ibu kota	[ibu kota]
village (m)	desa	[desa]
plan (m) de la ville	peta kota	[peta kota]
centre-ville (m)	pusat kota	[pusat kota]
banlieue (f)	pinggir kota	[piŋgir kota]
de banlieue (adj)	pinggir kota	[piŋgir kota]
périphérie (f)	pinggir	[piŋgir]
alentours (m pl)	daerah sekitarnya	[daerah sekitarnja]
quartier (m)	blok	[bloʔ]
quartier (m) résidentiel	blok perumahan	[bloʔ pərumahan]
trafic (m)	lalu lintas	[lalu lintas]
feux (m pl) de circulation	lampu lalu lintas	[lampu lalu lintas]
transport (m) urbain	angkot	[aŋkot]
carrefour (m)	persimpangan	[pərsimpaŋan]
passage (m) piéton	penyeberangan	[penjeberaŋan]
passage (m) souterrain	terowongan penyeberangan	[tərowoŋan penjeberaŋan]
traverser (vt)	menyeberang	[mənjeberaŋ]
piéton (m)	pejalan kaki	[pedʒʲalan kaki]
trottoir (m)	trotoar	[trotoar]
pont (m)	jembatan	[dʒʲembatan]
quai (m)	tepi sungai	[tepi suŋaj]
fontaine (f)	air mancur	[air mantʃur]
allée (f)	jalan kecil	[dʒʲalan ketʃil]
parc (m)	taman	[taman]
boulevard (m)	bulevar, adimarga	[bulevar], [adimarga]
place (f)	lapangan	[lapaŋan]
avenue (f)	jalan raya	[dʒʲalan raja]
rue (f)	jalan	[dʒʲalan]
ruelle (f)	gang	[gaŋ]
impasse (f)	jalan buntu	[dʒʲalan buntu]
maison (f)	rumah	[rumah]
édifice (m)	gedung	[geduŋ]
gratte-ciel (m)	pencakar langit	[pentʃakar laŋit]
façade (f)	bagian depan	[bagian depan]

toit (m)	atap	[atap]
fenêtre (f)	jendela	[dʒʲendela]
arc (m)	lengkungan	[leŋkuŋan]
colonne (f)	pilar	[pilar]
coin (m)	sudut	[sudut]
vitrine (f)	etalase	[etalase]
enseigne (f)	papan nama	[papan nama]
affiche (f)	poster	[poster]
affiche (f) publicitaire	poster iklan	[poster iklan]
panneau-réclame (m)	papan iklan	[papan iklan]
ordures (f pl)	sampah	[sampah]
poubelle (f)	tong sampah	[toŋ sampah]
jeter à terre	menyampah	[mənjampah]
décharge (f)	tempat pemrosesan akhir (TPA)	[tempat pemrosesan ahir]
cabine (f) téléphonique	gardu telepon umum	[gardu telepon umum]
réverbère (m)	tiang lampu	[tiaŋ lampu]
banc (m)	bangku	[baŋku]
policier (m)	polisi	[polisi]
police (f)	polisi, kepolisian	[polisi], [kepolisian]
clochard (m)	pengemis	[peɲemis]
sans-abri (m)	tuna wisma	[tuna wisma]

54. Les institutions urbaines

magasin (m)	toko	[toko]
pharmacie (f)	apotek, toko obat	[apotek], [toko obat]
opticien (m)	optik	[optiʔ]
centre (m) commercial	toserba	[toserba]
supermarché (m)	pasar swalayan	[pasar swalajan]
boulangerie (f)	toko roti	[toko roti]
boulanger (m)	pembuat roti	[pembuat roti]
pâtisserie (f)	toko kue	[toko kue]
épicerie (f)	toko pangan	[toko paŋan]
boucherie (f)	toko daging	[toko dagiŋ]
magasin (m) de légumes	toko sayur	[toko sajur]
marché (m)	pasar	[pasar]
salon (m) de café	warung kopi	[waruŋ kopi]
restaurant (m)	restoran	[restoran]
brasserie (f)	kedai bir	[kedaj bir]
pizzeria (f)	kedai piza	[kedaj piza]
salon (m) de coiffure	salon rambut	[salon rambut]
poste (f)	kantor pos	[kantor pos]
pressing (m)	penatu kimia	[penatu kimia]
atelier (m) de photo	studio foto	[studio foto]
magasin (m) de chaussures	toko sepatu	[toko sepatu]

librairie (f)	toko buku	[toko buku]
magasin (m) d'articles de sport	toko alat olahraga	[toko alat olahraga]
atelier (m) de retouche	reparasi pakaian	[reparasi pakajan]
location (f) de vêtements	rental pakaian	[rental pakajan]
location (f) de films	rental film	[rental film]
cirque (m)	sirkus	[sirkus]
zoo (m)	kebun binatang	[kebun binataŋ]
cinéma (m)	bioskop	[bioskop]
musée (m)	museum	[museum]
bibliothèque (f)	perpustakaan	[pərpustaka'an]
théâtre (m)	teater	[teater]
opéra (m)	opera	[opera]
boîte (f) de nuit	klub malam	[klub malam]
casino (m)	kasino	[kasino]
mosquée (f)	masjid	[masdʒid]
synagogue (f)	sinagoga, kanisah	[sinagoga], [kanisah]
cathédrale (f)	katedral	[katedral]
temple (m)	kuil, candi	[kuil], [tʃandi]
église (f)	gereja	[geredʒʲa]
institut (m)	institut, perguruan tinggi	[institut], [pərguruan tiŋgi]
université (f)	universitas	[universitas]
école (f)	sekolah	[sekolah]
préfecture (f)	prefektur, distrik	[prefektur], [distriʔ]
mairie (f)	balai kota	[balaj kota]
hôtel (m)	hotel	[hotel]
banque (f)	bank	[banʔ]
ambassade (f)	kedutaan besar	[keduta'an besar]
agence (f) de voyages	kantor pariwisata	[kantor pariwisata]
bureau (m) d'information	kantor penerangan	[kantor peneraŋan]
bureau (m) de change	kantor penukaran uang	[kantor penukaran uaŋ]
métro (m)	kereta api bawah tanah	[kereta api bawah tanah]
hôpital (m)	rumah sakit	[rumah sakit]
station-service (f)	SPBU, stasiun bensin	[es-pe-be-u], [stasjun bensin]
parking (m)	tempat parkir	[tempat parkir]

55. Les enseignes. Les panneaux

enseigne (f)	papan nama	[papan nama]
pancarte (f)	tulisan	[tulisan]
poster (m)	poster	[poster]
indicateur (m) de direction	penunjuk arah	[penundʒʲuʔ arah]
flèche (f)	anak panah	[anaʔ panah]
avertissement (m)	peringatan	[pəriŋatan]
panneau d'avertissement	tanda peringatan	[tanda pəriŋatan]

avertir (vt)	memperingatkan	[memperiŋatkan]
jour (m) de repos	hari libur	[hari libur]
horaire (m)	jadwal	[dʒ'adwal]
heures (f pl) d'ouverture	jam buka	[dʒ'am buka]
BIENVENUE!	SELAMAT DATANG!	[selamat dataŋ!]
ENTRÉE	MASUK	[masuʔ]
SORTIE	KELUAR	[keluar]
POUSSER	DORONG	[doroŋ]
TIRER	TARIK	[tariʔ]
OUVERT	BUKA	[buka]
FERMÉ	TUTUP	[tutup]
FEMMES	WANITA	[wanita]
HOMMES	PRIA	[pria]
RABAIS	DISKON	[diskon]
SOLDES	OBRAL	[obral]
NOUVEAU!	BARU!	[baru!]
GRATUIT	GRATIS	[gratis]
ATTENTION!	PERHATIAN!	[pərhatian!]
COMPLET	PENUH	[penuh]
RÉSERVÉ	DIRESERVASI	[direservasi]
ADMINISTRATION	ADMINISTRASI	[administrasi]
RÉSERVÉ AU PERSONNEL	KHUSUS STAF	[husus staf]
ATTENTION CHIEN MÉCHANT	AWAS, ANJING GALAK!	[awas], [andʒiŋ galaʔ!]
DÉFENSE DE FUMER	DILARANG MEROKOK!	[dilaraŋ merokoʔ!]
PRIÈRE DE NE PAS TOUCHER	JANGAN SENTUH!	[dʒ'aŋan sentuh!]
DANGEREUX	BERBAHAYA	[bərbahaja]
DANGER	BAHAYA	[bahaja]
HAUTE TENSION	TEGANGAN TINGGI	[teganaŋ tiŋgi]
BAIGNADE INTERDITE	DILARANG BERENANG!	[dilaraŋ bərenaŋ!]
HORS SERVICE	RUSAK	[rusaʔ]
INFLAMMABLE	BAHAN MUDAH TERBAKAR	[bahan mudah tərbakar]
INTERDIT	DILARANG	[dilaraŋ]
PASSAGE INTERDIT	DILARANG MASUK!	[dilaraŋ masuʔ!]
PEINTURE FRAÎCHE	AWAS CAT BASAH	[awas tʃat basah]

56. Les transports en commun

autobus (m)	bus	[bus]
tramway (m)	trem	[trem]
trolleybus (m)	bus listrik	[bus listriʔ]
itinéraire (m)	trayek	[traeʔ]
numéro (m)	nomor	[nomor]

prendre ...	naik ...	[naiʔ ...]
monter (dans l'autobus)	naik	[naiʔ]
descendre de ...	turun ...	[turun ...]
arrêt (m)	halte, pemberhentian	[halte], [pemberhentian]
arrêt (m) prochain	halte berikutnya	[halte bərikutnja]
terminus (m)	halte terakhir	[halte tərahir]
horaire (m)	jadwal	[dʒʲadwal]
attendre (vt)	menunggu	[mənuŋgu]
ticket (m)	tiket	[tiket]
prix (m) du ticket	harga karcis	[harga kartʃis]
caissier (m)	kasir	[kasir]
contrôle (m) des tickets	pemeriksaan tiket	[pemeriksaʔan tiket]
contrôleur (m)	kondektur	[kondektur]
être en retard	terlambat ...	[tərlambat ...]
rater (~ le train)	ketinggalan	[ketiŋgalan]
se dépêcher	tergesa-gesa	[tərgesa-gesa]
taxi (m)	taksi	[taksi]
chauffeur (m) de taxi	sopir taksi	[sopir taksi]
en taxi	naik taksi	[naiʔ taksi]
arrêt (m) de taxi	pangkalan taksi	[paŋkalan taksi]
appeler un taxi	memanggil taksi	[memaŋgil taksi]
prendre un taxi	menaiki taksi	[mənajki taksi]
trafic (m)	lalu lintas	[lalu lintas]
embouteillage (m)	kemacetan lalu lintas	[kematʃetan lalu lintas]
heures (f pl) de pointe	jam sibuk	[dʒʲam sibuʔ]
se garer (vp)	parkir	[parkir]
garer (vt)	memarkir	[memarkir]
parking (m)	tempat parkir	[tempat parkir]
métro (m)	kereta api bawah tanah	[kereta api bawah tanah]
station (f)	stasiun	[stasiun]
prendre le métro	naik kereta api bawah tanah	[naiʔ kereta api bawah tanah]
train (m)	kereta api	[kereta api]
gare (f)	stasiun kereta api	[stasiun kereta api]

57. Le tourisme

monument (m)	monumen, patung	[monumen], [patuŋ]
forteresse (f)	benteng	[benteŋ]
palais (m)	istana	[istana]
château (m)	kastil	[kastil]
tour (f)	menara	[mənara]
mausolée (m)	mausoleum	[mausoleum]
architecture (f)	arsitektur	[arsitektur]
médiéval (adj)	abad pertengahan	[abad pərteŋahan]
ancien (adj)	kuno	[kuno]

national (adj)	nasional	[nasional]
connu (adj)	terkenal	[tərkenal]
touriste (m)	turis, wisatawan	[turis], [wisatawan]
guide (m) (personne)	pemandu wisata	[pemandu wisata]
excursion (f)	ekskursi	[ekskursi]
montrer (vt)	menunjukkan	[mənundʒʲuʔkan]
raconter (une histoire)	menceritakan	[mənt͡ʃeritakan]
trouver (vt)	mendapatkan	[məndapatkan]
se perdre (vp)	tersesat	[tərsesat]
plan (m) (du metro, etc.)	denah	[denah]
carte (f) (de la ville, etc.)	peta	[peta]
souvenir (m)	suvenir	[suvenir]
boutique (f) de souvenirs	toko suvenir	[toko suvenir]
prendre en photo	memotret	[memotret]
se faire prendre en photo	berfoto	[bərfoto]

58. Le shopping

acheter (vt)	membeli	[membeli]
achat (m)	belanjaan	[belandʒʲaʔan]
faire des achats	berbelanja	[bərbelandʒʲa]
shopping (m)	berbelanja	[bərbelandʒʲa]
être ouvert	buka	[buka]
être fermé	tutup	[tutup]
chaussures (f pl)	sepatu	[sepatu]
vêtement (m)	pakaian	[pakajan]
produits (m pl) de beauté	kosmetik	[kosmetiʔ]
produits (m pl) alimentaires	produk makanan	[produʔ makanan]
cadeau (m)	hadiah	[hadiah]
vendeur (m)	pramuniaga	[pramuniaga]
vendeuse (f)	pramuniaga perempuan	[pramuniaga pərempuan]
caisse (f)	kas	[kas]
miroir (m)	cermin	[t͡ʃermin]
comptoir (m)	konter	[konter]
cabine (f) d'essayage	kamar pas	[kamar pas]
essayer (robe, etc.)	mengepas	[məŋepas]
aller bien (robe, etc.)	pas, cocok	[pas], [t͡ʃot͡ʃoʔ]
plaire (être apprécié)	suka	[suka]
prix (m)	harga	[harga]
étiquette (f) de prix	label harga	[label harga]
coûter (vt)	berharga	[bərharga]
Combien?	Berapa?	[bərapa?]
rabais (m)	diskon	[diskon]
pas cher (adj)	tidak mahal	[tidaʔ mahal]
bon marché (adj)	murah	[murah]

cher (adj)	mahal	[mahal]
C'est cher	Ini mahal	[ini mahal]
location (f)	rental, persewaan	[rental], [pərsewa'an]
louer (une voiture, etc.)	menyewa	[mənjewa]
crédit (m)	kredit	[kredit]
à crédit (adv)	secara kredit	[setʃara kredit]

59. L'argent

argent (m)	uang	[uaŋ]
échange (m)	pertukaran mata uang	[pərtukaran mata uaŋ]
cours (m) de change	nilai tukar	[nilaj tukar]
distributeur (m)	Anjungan Tunai Mandiri, ATM	[andʒʲuŋan tunaj mandiri], [a-te-em]
monnaie (f)	koin	[koin]
dollar (m)	dolar	[dolar]
euro (m)	euro	[euro]
lire (f)	lira	[lira]
mark (m) allemand	Mark Jerman	[marʔ dʒʲerman]
franc (m)	franc	[frantʃ]
livre sterling (f)	poundsterling	[paundsterliŋ]
yen (m)	yen	[yen]
dette (f)	utang	[utaŋ]
débiteur (m)	pengutang	[peŋutaŋ]
prêter (vt)	meminjamkan	[memindʒʲamkan]
emprunter (vt)	meminjam	[memindʒʲam]
banque (f)	bank	[banʔ]
compte (m)	rekening	[rekeniŋ]
verser (dans le compte)	memasukkan	[memasuʔkan]
verser dans le compte	memasukkan ke rekening	[memasuʔkan ke rekeniŋ]
retirer du compte	menarik uang	[mənariʔ uaŋ]
carte (f) de crédit	kartu kredit	[kartu kredit]
espèces (f pl)	uang kontan, uang tunai	[uaŋ kontan], [uaŋ tunaj]
chèque (m)	cek	[tʃeʔ]
faire un chèque	menulis cek	[mənulis tʃeʔ]
chéquier (m)	buku cek	[buku tʃeʔ]
portefeuille (m)	dompet	[dompet]
bourse (f)	dompet, pundi-pundi	[dompet], [pundi-pundi]
coffre fort (m)	brankas	[brankas]
héritier (m)	pewaris	[pewaris]
héritage (m)	warisan	[warisan]
fortune (f)	kekayaan	[kekaja'an]
location (f)	sewa	[sewa]
loyer (m) (argent)	uang sewa	[uaŋ sewa]
louer (prendre en location)	menyewa	[mənjewa]

prix (m)	harga	[harga]
coût (m)	harga	[harga]
somme (f)	jumlah	[dʒˡumlah]
dépenser (vt)	menghabiskan	[məŋhabiskan]
dépenses (f pl)	ongkos	[oŋkos]
économiser (vt)	menghemat	[məŋhemat]
économe (adj)	hemat	[hemat]
payer (régler)	membayar	[membajar]
paiement (m)	pembayaran	[pembajaran]
monnaie (f) (rendre la ~)	kembalian	[kembalian]
impôt (m)	pajak	[padʒˡaʔ]
amende (f)	denda	[denda]
mettre une amende	mendenda	[məndenda]

60. La poste. Les services postaux

poste (f)	kantor pos	[kantor pos]
courrier (m) (lettres, etc.)	surat	[surat]
facteur (m)	tukang pos	[tukaŋ pos]
heures (f pl) d'ouverture	jam buka	[dʒˡam buka]
lettre (f)	surat	[surat]
recommandé (m)	surat tercatat	[surat tərtʃatat]
carte (f) postale	kartu pos	[kartu pos]
télégramme (m)	telegram	[telegram]
colis (m)	parsel, paket pos	[parsel], [paket pos]
mandat (m) postal	wesel pos	[wesel pos]
recevoir (vt)	menerima	[mənerima]
envoyer (vt)	mengirim	[məŋirim]
envoi (m)	pengiriman	[peŋiriman]
adresse (f)	alamat	[alamat]
code (m) postal	kode pos	[kode pos]
expéditeur (m)	pengirim	[peŋirim]
destinataire (m)	penerima	[penerima]
prénom (m)	nama	[nama]
nom (m) de famille	nama keluarga	[nama keluarga]
tarif (m)	tarif	[tarif]
normal (adj)	biasa, standar	[biasa], [standar]
économique (adj)	ekonomis	[ekonomis]
poids (m)	berat	[berat]
peser (~ les lettres)	menimbang	[mənimbaŋ]
enveloppe (f)	amplop	[amplop]
timbre (m)	prangko	[praŋko]
timbrer (vt)	menempelkan prangko	[mənempelkan praŋko]

Le logement. La maison. Le foyer

61. La maison. L'électricité

électricité (f)	listrik	[listriʔ]
ampoule (f)	bohlam	[bohlam]
interrupteur (m)	sakelar	[sakelar]
plomb, fusible (m)	sekring	[sekriŋ]
fil (m) (~ électrique)	kabel, kawat	[kabel], [kawat]
installation (f) électrique	rangkaian kabel	[raŋkajan kabel]
compteur (m) électrique	meteran listrik	[meteran listriʔ]
relevé (m)	pencatatan	[pentʃatatan]

62. La villa et le manoir

maison (f) de campagne	rumah luar kota	[rumah luar kota]
villa (f)	vila	[vila]
aile (f) (~ ouest)	sayap	[sajap]
jardin (m)	kebun	[kebun]
parc (m)	taman	[taman]
serre (f) tropicale	rumah kaca	[rumah katʃa]
s'occuper (~ du jardin)	memelihara	[memelihara]
piscine (f)	kolam renang	[kolam renaŋ]
salle (f) de gym	gym	[dʒim]
court (m) de tennis	lapangan tenis	[lapaŋan tenis]
salle (f) de cinéma	bioskop rumah	[bioskop rumah]
garage (m)	garasi	[garasi]
propriété (f) privée	milik pribadi	[miliʔ pribadi]
terrain (m) privé	tanah pribadi	[tanah pribadi]
avertissement (m)	peringatan	[periŋatan]
panneau d'avertissement	tanda peringatan	[tanda periŋatan]
sécurité (f)	keamanan	[keamanan]
agent (m) de sécurité	satpam, pengawal	[satpam], [peɲawal]
alarme (f) antivol	alarm antirampok	[alarm antirampoʔ]

63. L'appartement

appartement (m)	apartemen	[apartemen]
chambre (f)	kamar	[kamar]
chambre (f) à coucher	kamar tidur	[kamar tidur]

salle (f) à manger	ruang makan	[ruaŋ makan]
salon (m)	ruang tamu	[ruaŋ tamu]
bureau (m)	ruang kerja	[ruaŋ kerdʒʲa]
antichambre (f)	ruang depan	[ruaŋ depan]
salle (f) de bains	kamar mandi	[kamar mandi]
toilettes (f pl)	kamar kecil	[kamar ketʃil]
plafond (m)	plafon, langit-langit	[plafon], [laŋit-laŋit]
plancher (m)	lantai	[lantaj]
coin (m)	sudut	[sudut]

64. Les meubles. L'intérieur

meubles (m pl)	mebel	[mebel]
table (f)	meja	[medʒʲa]
chaise (f)	kursi	[kursi]
lit (m)	ranjang	[randʒʲaŋ]
canapé (m)	dipan	[dipan]
fauteuil (m)	kursi malas	[kursi malas]
bibliothèque (f) (meuble)	lemari buku	[lemari buku]
rayon (m)	rak	[raʔ]
armoire (f)	lemari pakaian	[lemari pakajan]
patère (f)	kapstok	[kapstoʔ]
portemanteau (m)	kapstok berdiri	[kapstoʔ berdiri]
commode (f)	lemari laci	[lemari latʃi]
table (f) basse	meja kopi	[medʒʲa kopi]
miroir (m)	cermin	[tʃermin]
tapis (m)	permadani	[permadani]
petit tapis (m)	karpet kecil	[karpet ketʃil]
cheminée (f)	perapian	[perapian]
bougie (f)	lilin	[lilin]
chandelier (m)	kaki lilin	[kaki lilin]
rideaux (m pl)	gorden	[gorden]
papier (m) peint	kertas dinding	[kertas dindiŋ]
jalousie (f)	kerai	[keraj]
lampe (f) de table	lampu meja	[lampu medʒʲa]
applique (f)	lampu dinding	[lampu dindiŋ]
lampadaire (m)	lampu lantai	[lampu lantaj]
lustre (m)	lampu bercabang	[lampu bertʃabaŋ]
pied (m) (~ de la table)	kaki	[kaki]
accoudoir (m)	lengan	[leŋan]
dossier (m)	sandaran	[sandaran]
tiroir (m)	laci	[latʃi]

65. La literie

linge (m) de lit	kain kasur	[kain kasur]
oreiller (m)	bantal	[bantal]
taie (f) d'oreiller	sarung bantal	[saruŋ bantal]
couverture (f)	selimut	[selimut]
drap (m)	seprai	[sepraj]
couvre-lit (m)	selubung kasur	[selubuŋ kasur]

66. La cuisine

cuisine (f)	dapur	[dapur]
gaz (m)	gas	[gas]
cuisinière (f) à gaz	kompor gas	[kompor gas]
cuisinière (f) électrique	kompor listrik	[kompor listriʔ]
four (m)	oven	[oven]
four (m) micro-ondes	microwave	[majkrowav]
réfrigérateur (m)	lemari es, kulkas	[lemari es], [kulkas]
congélateur (m)	lemari pembeku	[lemari pembeku]
lave-vaisselle (m)	mesin pencuci piring	[mesin pentʃutʃi piriŋ]
hachoir (m) à viande	alat pelumat daging	[alat pelumat dagiŋ]
centrifugeuse (f)	mesin sari buah	[mesin sari buah]
grille-pain (m)	alat pemanggang roti	[alat pemaŋgaŋ roti]
batteur (m)	pencampur	[pentʃampur]
machine (f) à café	mesin pembuat kopi	[mesin pembuat kopi]
cafetière (f)	teko kopi	[teko kopi]
moulin (m) à café	mesin penggiling kopi	[mesin peŋgiliŋ kopi]
bouilloire (f)	cerek	[tʃereʔ]
théière (f)	teko	[teko]
couvercle (m)	tutup	[tutup]
passoire (f) à thé	saringan teh	[sariŋan teh]
cuillère (f)	sendok	[sendoʔ]
petite cuillère (f)	sendok teh	[sendoʔ teh]
cuillère (f) à soupe	sendok makan	[sendoʔ makan]
fourchette (f)	garpu	[garpu]
couteau (m)	pisau	[pisau]
vaisselle (f)	piring mangkuk	[piriŋ maŋkuʔ]
assiette (f)	piring	[piriŋ]
soucoupe (f)	alas cangkir	[alas tʃaŋkir]
verre (m) à shot	seloki	[seloki]
verre (m) (~ d'eau)	gelas	[gelas]
tasse (f)	cangkir	[tʃaŋkir]
sucrier (m)	wadah gula	[wadah gula]
salière (f)	wadah garam	[wadah garam]
poivrière (f)	wadah merica	[wadah meritʃa]

beurrier (m)	wadah mentega	[wadah mentega]
casserole (f)	panci	[pantʃi]
poêle (f)	kuali	[kuali]
louche (f)	sudu	[sudu]
passoire (f)	saringan	[cariŋan]
plateau (m)	talam	[talam]
bouteille (f)	botol	[botol]
bocal (m) (à conserves)	gelas	[gelas]
boîte (f) en fer-blanc	kaleng	[kaleŋ]
ouvre-bouteille (m)	pembuka botol	[pembuka botol]
ouvre-boîte (m)	pembuka kaleng	[pembuka kaleŋ]
tire-bouchon (m)	kotrek	[kotreʔ]
filtre (m)	saringan	[cariŋan]
filtrer (vt)	saringan	[cariŋan]
ordures (f pl)	sampah	[sampah]
poubelle (f)	tong sampah	[toŋ sampah]

67. La salle de bains

salle (f) de bains	kamar mandi	[kamar mandi]
eau (f)	air	[air]
robinet (m)	keran	[keran]
eau (f) chaude	air panas	[air panas]
eau (f) froide	air dingin	[air diŋin]
dentifrice (m)	pasta gigi	[pasta gigi]
se brosser les dents	menggosok gigi	[məŋgosoʔ gigi]
brosse (f) à dents	sikat gigi	[sikat gigi]
se raser (vp)	bercukur	[bertʃukur]
mousse (f) à raser	busa cukur	[busa tʃukur]
rasoir (m)	pisau cukur	[pisau tʃukur]
laver (vt)	mencuci	[məntʃutʃi]
se laver (vp)	mandi	[mandi]
douche (f)	pancuran	[pantʃuran]
prendre une douche	mandi pancuran	[mandi pantʃuran]
baignoire (f)	bak mandi	[baʔ mandi]
cuvette (f)	kloset	[kloset]
lavabo (m)	wastafel	[wastafel]
savon (m)	sabun	[sabun]
porte-savon (m)	wadah sabun	[wadah sabun]
éponge (f)	spons	[spons]
shampooing (m)	sampo	[sampo]
serviette (f)	handuk	[handuʔ]
peignoir (m) de bain	jubah mandi	[dʒubah mandi]
lessive (f) (faire la ~)	pencucian	[pentʃutʃian]
machine (f) à laver	mesin cuci	[mesin tʃutʃi]

| faire la lessive | mencuci | [mənt͡ʃut͡ʃi] |
| lessive (f) (poudre) | deterjen cuci | [deterd͡ʒien t͡ʃut͡ʃi] |

68. Les appareils êlectromênagers

téléviseur (m)	pesawat TV	[pesawat ti-vi]
magnétophone (m)	alat perekam	[alat pərekam]
magnétoscope (m)	video, VCR	[vidio], [vi-si-er]
radio (f)	radio	[radio]
lecteur (m)	pemutar	[pemutar]

vidéoprojecteur (m)	proyektor video	[proektor video]
home cinéma (m)	bioskop rumah	[bioskop rumah]
lecteur DVD (m)	pemutar DVD	[pemutar di-vi-di]
amplificateur (m)	penguat	[peŋuat]
console (f) de jeux	konsol permainan video	[konsol pərmajnan video]

caméscope (m)	kamera video	[kamera video]
appareil (m) photo	kamera	[kamera]
appareil (m) photo numérique	kamera digital	[kamera digital]

aspirateur (m)	pengisap debu	[peɲisap debu]
fer (m) à repasser	setrika	[setrika]
planche (f) à repasser	papan setrika	[papan setrika]

téléphone (m)	telepon	[telepon]
portable (m)	ponsel	[ponsel]
machine (f) à écrire	mesin ketik	[mesin keti']
machine (f) à coudre	mesin jahit	[mesin d͡ʒiahit]

micro (m)	mikrofon	[mikrofon]
écouteurs (m pl)	headphone, fonkepala	[headphone], [fonkepala]
télécommande (f)	panel kendali	[panel kendali]

CD (m)	cakram kompak	[t͡ʃakram kompa']
cassette (f)	kaset	[kaset]
disque (m) (vinyle)	piringan hitam	[piriŋan hitam]

LES ACTIVITÉS HUMAINS

Le travail. Les affaires. Partie 1

69. Le bureau. La vie de bureau

bureau (m) (établissement)	kantor	[kantor]
bureau (m) (au travail)	ruang kerja	[ruaŋ kerdʒʲa]
accueil (m)	resepsionis kantor	[resepsionis kantor]
secrétaire (m, f)	sekretaris	[sekretaris]
secrétaire (f)	sekretaris	[sekretaris]
directeur (m)	direktur	[direktur]
manager (m)	manajer	[manadʒʲer]
comptable (m)	akuntan	[akuntan]
collaborateur (m)	karyawan	[karjawan]
meubles (m pl)	mebel	[mebel]
bureau (m)	meja	[medʒʲa]
fauteuil (m)	kursi malas	[kursi malas]
classeur (m) à tiroirs	meja samping ranjang	[medʒʲa sampiŋ randʒʲaŋ]
portemanteau (m)	kapstok berdiri	[kapstoʔ berdiri]
ordinateur (m)	komputer	[komputer]
imprimante (f)	printer, pencetak	[printer], [pentʃetaʔ]
fax (m)	mesin faks	[mesin faks]
copieuse (f)	mesin fotokopi	[mesin fotokopi]
papier (m)	kertas	[kertas]
papeterie (f)	alat tulis kantor	[alat tulis kantor]
tapis (m) de souris	bantal tetikus	[bantal tetikus]
feuille (f)	lembar	[lembar]
classeur (m)	map	[map]
catalogue (m)	katalog	[katalog]
annuaire (m)	buku telepon	[buku telepon]
documents (m pl)	dokumentasi	[dokumentasi]
brochure (f)	brosur	[brosur]
prospectus (m)	selebaran	[selebaran]
échantillon (m)	sampel, contoh	[sampel], [tʃontoh]
formation (f)	latihan	[latihan]
réunion (f)	rapat	[rapat]
pause (f) déjeuner	waktu makan siang	[waktu makan siaŋ]
faire une copie	membuat salinan	[membuat salinan]
faire des copies	memperbanyak	[memperbanjaʔ]
recevoir un fax	menerima faks	[menerima faks]
envoyer un fax	mengirim faks	[meŋirim faks]

téléphoner, appeler	menelepon	[mənelepon]
répondre (vi, vt)	menjawab	[məndʒ¹awab]
passer (au téléphone)	menyambungkan	[mənjambuŋkan]

fixer (rendez-vous)	menetapkan	[mənetapkan]
montrer (un échantillon)	memeragakan	[memeragakan]
être absent	absen, tidak hadir	[absen], [tida' hadir]
absence (f)	absensi, ketidakhadiran	[absensi], [ketidahadiran]

70. Les processus d'affaires. Partie 1

| affaire (f) (business) | bisnis | [bisnis] |
| métier (m) | urusan | [urusan] |

firme (f), société (f)	firma	[firma]
compagnie (f)	maskapai	[maskapaj]
corporation (f)	korporasi	[korporasi]
entreprise (f)	perusahaan	[pərusaha'an]
agence (f)	biro, kantor	[biro], [kantor]

accord (m)	perjanjian	[pərdʒ¹andʒian]
contrat (m)	kontrak	[kontra']
marché (m) (accord)	transaksi	[transaksi]
commande (f)	pesanan	[pesanan]
terme (m) (~ du contrat)	syarat	[ʃarat]

en gros (adv)	grosir	[grosir]
en gros (adj)	grosir	[grosir]
vente (f) en gros	penjualan grosir	[pendʒ¹ualan grosir]
au détail (adj)	eceran	[etʃeran]
vente (f) au détail	pengeceran	[peŋetʃeran]

concurrent (m)	kompetitor, pesaing	[kompetitor], [pesajŋ]
concurrence (f)	kompetisi, persaingan	[kompetisi], [pərsajŋan]
concurrencer (vt)	bersaing	[bərsajŋ]

| associé (m) | mitra | [mitra] |
| partenariat (m) | kemitraan | [kemitra'an] |

crise (f)	krisis	[krisis]
faillite (f)	kebangkrutan	[kebaŋkrutan]
faire faillite	jatuh bangkrut	[dʒ¹atuh baŋkrut]
difficulté (f)	kesukaran	[kesukaran]
problème (m)	masalah	[masalah]
catastrophe (f)	gagal total	[gagal total]

économie (f)	ekonomi	[ekonomi]
économique (adj)	ekonomi	[ekonomi]
baisse (f) économique	resesi ekonomi	[resesi ekonomi]

but (m)	tujuan	[tudʒ¹uan]
objectif (m)	tugas	[tugas]
faire du commerce	berdagang	[bərdagaŋ]
réseau (m) (de distribution)	jaringan	[dʒ¹ariŋan]

inventaire (m) (stocks)	inventaris	[inventaris]
assortiment (m)	penyortiran	[penjortiran]
leader (m)	pemimpin	[pemimpin]
grande (~ entreprise)	besar	[besar]
monopole (m)	monopoli	[monopoli]
théorie (f)	teori	[teori]
pratique (f)	praktik	[prakti']
expérience (f)	pengalaman	[peŋalaman]
tendance (f)	tendensi	[tendensi]
développement (m)	perkembangan	[pərkembaŋan]

71. Les processus d'affaires. Partie 2

rentabilité (m)	keuntungan	[keuntuŋan]
rentable (adj)	menguntungkan	[məŋuntuŋkan]
délégation (f)	delegasi	[delegasi]
salaire (m)	gaji, upah	[gadʒi], [upah]
corriger (une erreur)	mengoreksi	[məŋoreksi]
voyage (m) d'affaires	perjalanan dinas	[pərdʒ'alanan dinas]
commission (f)	panitia	[panitia]
contrôler (vt)	mengontrol	[məŋontrol]
conférence (f)	konferensi	[konferensi]
licence (f)	lisensi, izin	[lisensi], [izin]
fiable (partenaire ~)	yang bisa dipercaya	[yaŋ bisa dipertʃaja]
initiative (f)	inisiatif	[inisiatif]
norme (f)	norma	[norma]
circonstance (f)	keadaan sekitar	[keada'an sekitar]
fonction (f)	tugas	[tugas]
entreprise (f)	organisasi	[organisasi]
organisation (f)	pengurusan	[peŋurusan]
organisé (adj)	terurus	[tərurus]
annulation (f)	pembatalan	[pembatalan]
annuler (vt)	membatalkan	[membatalkan]
rapport (m)	laporan	[laporan]
brevet (m)	paten	[paten]
breveter (vt)	mematenkan	[mematenkan]
planifier (vt)	merencanakan	[merentʃanakan]
prime (f)	bonus	[bonus]
professionnel (adj)	profesional	[profesional]
procédure (f)	prosedur	[prosedur]
examiner (vt)	mempertimbangkan	[mempertimbaŋkan]
calcul (m)	perhitungan	[pərhituŋan]
réputation (f)	reputasi	[reputasi]
risque (m)	risiko	[risiko]
diriger (~ une usine)	memimpin	[memimpin]

renseignements (m pl)	data, informasi	[data], [informasi]
propriété (f)	milik	[miliʔ]
union (f)	persatuan, serikat	[pərsatuan], [serikat]
assurance vie (f)	asuransi jiwa	[asuransi dʒiwa]
assurer (vt)	mengasuransikan	[məŋasuransikan]
assurance (f)	asuransi	[asuransi]
enchères (f pl)	lelang	[lelaŋ]
notifier (informer)	memberitahu	[memberitahu]
gestion (f)	manajemen	[manadʒʲemen]
service (m)	jasa	[dʒʲasa]
forum (m)	forum	[forum]
fonctionner (vi)	berfungsi	[berfuŋsi]
étape (f)	tahap	[tahap]
juridique (services ~s)	hukum	[hukum]
juriste (m)	ahli hukum	[ahli hukum]

72. L'usine. La production

usine (f)	pabrik	[pabriʔ]
fabrique (f)	pabrik	[pabriʔ]
atelier (m)	bengkel	[beŋkel]
site (m) de production	perusahaan	[pərusahaʔan]
industrie (f)	industri	[industri]
industriel (adj)	industri	[industri]
industrie (f) lourde	industri berat	[industri bərat]
industrie (f) légère	industri ringan	[industri riŋan]
produit (m)	produksi	[produksi]
produire (vt)	memproduksi	[memproduksi]
matières (f pl) premières	bahan baku	[bahan baku]
chef (m) d'équipe	mandor	[mandor]
équipe (f) d'ouvriers	regu pekerja	[regu pekerdʒʲa]
ouvrier (m)	buruh, pekerja	[buruh], [pekerdʒʲa]
jour (m) ouvrable	hari kerja	[hari kerdʒʲa]
pause (f) (repos)	perhentian	[perhentian]
réunion (f)	rapat	[rapat]
discuter (vt)	membicarakan	[membitʃarakan]
plan (m)	rencana	[rentʃana]
accomplir le plan	melaksanakan rencana	[melaksanakan rentʃana]
norme (f) de production	kecepatan produksi	[ketʃepatan produksi]
qualité (f)	kualitas, mutu	[kualitas], [mutu]
contrôle (m)	kontrol, kendali	[kontrol], [kendali]
contrôle (m) qualité	kendali mutu	[kendali mutu]
sécurité (f) de travail	keselamatan kerja	[keselamatan kerdʒʲa]
discipline (f)	disiplin	[disiplin]
infraction (f)	pelanggaran	[pelaŋgaran]

violer (les règles)	melanggar	[melaŋgar]
grève (f)	pemogokan	[pemogokan]
gréviste (m)	pemogok	[pemogoʔ]
faire grève	mogok	[mogoʔ]
syndicat (m)	serikat pekerja	[serikat pekerdʒʲa]
inventer (machine, etc.)	menemukan	[mənemukan]
invention (f)	penemuan	[penemuan]
recherche (f)	riset, penelitian	[riset], [penelitian]
améliorer (vt)	memperbaiki	[memperbajki]
technologie (f)	teknologi	[teknologi]
dessin (m) technique	gambar teknik	[gambar tekniʔ]
charge (f) (~ de 3 tonnes)	muatan	[muatan]
chargeur (m)	kuli	[kuli]
charger (véhicule, etc.)	memuat	[memuat]
chargement (m)	pemuatan	[pemuatan]
décharger (vt)	membongkar	[memboŋkar]
déchargement (m)	pembongkaran	[pemboŋkaran]
transport (m)	transportasi, angkutan	[transportasi], [aŋkutan]
compagnie (f) de transport	perusahaan transportasi	[pərusahaʔan transportasi]
transporter (vt)	mengangkut	[məŋaŋkut]
wagon (m) de marchandise	gerbong barang	[gerboŋ baraŋ]
citerne (f)	tangki	[taŋki]
camion (m)	truk	[truʔ]
machine-outil (f)	mesin	[mesin]
mécanisme (m)	mekanisme	[mekanisme]
déchets (m pl)	limbah industri	[limbah industri]
emballage (m)	pengemasan	[peŋemasan]
emballer (vt)	mengemas	[məŋemas]

73. Le contrat. L'accord

contrat (m)	kontrak	[kontraʔ]
accord (m)	perjanjian	[pərdʒʲandʒian]
annexe (f)	lampiran	[lampiran]
signer un contrat	menandatangani kontrak	[mənandataŋani kontraʔ]
signature (f)	tanda tangan	[tanda taŋan]
signer (vt)	menandatangani	[mənandataŋani]
cachet (m)	cap	[tʃap]
objet (m) du contrat	subjek perjanjian	[subdʒʲeʔ pərdʒʲandʒian]
clause (f)	ayat, pasal	[ajat], [pasal]
côtés (m pl)	pihak	[pihaʔ]
adresse (f) légale	alamat sah	[alamat sah]
violer l'accord	melanggar kontrak	[melaŋgar kontraʔ]
obligation (f)	komitmen, kewajiban	[komitmen], [kewadʒiban]
responsabilité (f)	tanggung jawab	[taŋguŋ dʒʲawab]

force (f) majeure	keadaan kahar	[keadaʔan kahar]
litige (m)	sengketa	[seŋketa]
pénalités (f pl)	sanksi, penalti	[sanksi], [penalti]

74. L'importation. L'exportation

importation (f)	impor	[impor]
importateur (m)	importir	[importir]
importer (vt)	mengimpor	[məŋimpor]
d'importation	impor	[impor]
exportation (f)	ekspor	[ekspor]
exportateur (m)	eksportir	[eksportir]
exporter (vt)	mengekspor	[məŋekspor]
d'exportation (adj)	ekspor	[ekspor]
marchandise (f)	barang dagangan	[baraŋ dagaŋan]
lot (m) de marchandises	partai	[partaj]
poids (m)	berat	[berat]
volume (m)	volume, isi	[volume], [isi]
mètre (m) cube	meter kubik	[meter kubiʔ]
producteur (m)	produsen	[produsen]
compagnie (f) de transport	perusahaan transportasi	[pərusahaʔan transportasi]
container (m)	peti kemas	[peti kemas]
frontière (f)	perbatasan	[pərbatasan]
douane (f)	pabean	[pabean]
droit (m) de douane	bea cukai	[bea tʃukaj]
douanier (m)	petugas pabean	[petugas pabean]
contrebande (f) (trafic)	penyelundupan	[penjelundupan]
contrebande (f)	barang-barang selundupan	[baraŋ-baraŋ selundupan]

75. La finance

action (f)	saham	[saham]
obligation (f)	obligasi	[obligasi]
lettre (f) de change	wesel	[wesel]
bourse (f)	bursa efek	[bursa efeʔ]
cours (m) d'actions	kurs saham	[kurs saham]
baisser (vi)	menjadi murah	[məndʒ'adi murah]
augmenter (vi) (prix)	menjadi mahal	[məndʒ'adi mahal]
part (f)	kepemilikan saham	[kepemilikan saham]
participation (f) de contrôle	mayoritas saham	[majoritas saham]
investissements (m pl)	investasi	[investasi]
investir (vt)	berinvestasi	[bərinvestasi]
pour-cent (m)	persen	[pərsen]

intérêts (m pl)	suku bunga	[suku buŋa]
profit (m)	profit, untung	[profit], [untuŋ]
profitable (adj)	beruntung	[beruntuŋ]
impôt (m)	pajak	[padʒʲaʔ]
devise (f)	valas	[valas]
national (adj)	nasional	[nasional]
échange (m)	pertukaran	[pərtukaran]
comptable (m)	akuntan	[akuntan]
comptabilité (f)	akuntansi	[akuntansi]
faillite (f)	kebangkrutan	[kebaŋkrutan]
krach (m)	keruntuhan	[keruntuhan]
ruine (f)	kebangkrutan	[kebaŋkrutan]
se ruiner (vp)	bangkrut	[baŋkrut]
inflation (f)	inflasi	[inflasi]
dévaluation (f)	devaluasi	[devaluasi]
capital (m)	modal	[modal]
revenu (m)	pendapatan	[pendapatan]
chiffre (m) d'affaires	omzet	[omzet]
ressources (f pl)	sumber daya	[sumber daja]
moyens (m pl) financiers	dana	[dana]
frais (m pl) généraux	beaya umum	[beaja umum]
réduire (vt)	mengurangi	[məŋuraŋi]

76. La commercialisation. Le marketing

marketing (m)	pemasaran	[pemasaran]
marché (m)	pasar	[pasar]
segment (m) du marché	segmen pasar	[segmen pasar]
produit (m)	produk	[produʔ]
marchandise (f)	barang dagangan	[baraŋ dagaŋan]
marque (f) de fabrique	merek	[mereʔ]
marque (f) déposée	merek dagang	[mereʔ dagaŋ]
logotype (m)	logo dagang	[logo dagaŋ]
logo (m)	logo	[logo]
demande (f)	permintaan	[perminta'an]
offre (f)	penawaran	[penawaran]
besoin (m)	kebutuhan	[kebutuhan]
consommateur (m)	konsumen	[konsumen]
analyse (f)	analisis	[analisis]
analyser (vt)	menganalisis	[məŋanalisis]
positionnement (m)	pemosisian	[pemosisian]
positionner (vt)	memosisikan	[memosisikan]
prix (m)	harga	[harga]
politique (f) des prix	politik harga	[politiʔ harga]
formation (f) des prix	penentuan harga	[penentuan harga]

77. La publicité

publicité (f), pub (f)	iklan	[iklan]
faire de la publicité	mengiklankan	[məŋiklankan]
budget (m)	anggaran belanja	[aŋgaran belandʒ'a]
annonce (f), pub (f)	iklan	[iklan]
publicité (f) à la télévision	iklan TV	[iklan ti-vi]
publicité (f) à la radio	iklan radio	[iklan radio]
publicité (f) extérieure	iklan luar ruangan	[iklan luar ruaŋan]
mass média (m pl)	media massa	[media massa]
périodique (m)	terbitan berkala	[tərbitan bərkala]
image (f)	citra	[tʃitra]
slogan (m)	slogan, semboyan	[slogan], [semboyan]
devise (f)	moto	[moto]
campagne (f)	kampanye	[kampanje]
campagne (f) publicitaire	kampanye iklan	[kampanje iklan]
public (m) cible	khalayak sasaran	[halaja' sasaran]
carte (f) de visite	kartu nama	[kartu nama]
prospectus (m)	selebaran	[selebaran]
brochure (f)	brosur	[brosur]
dépliant (m)	pamflet	[pamflet]
bulletin (m)	buletin	[buletin]
enseigne (f)	papan nama	[papan nama]
poster (m)	poster	[poster]
panneau-réclame (m)	papan iklan	[papan iklan]

78. Les opérations bancaires

banque (f)	bank	[ban']
agence (f) bancaire	cabang	[tʃabaŋ]
conseiller (m)	konsultan	[konsultan]
gérant (m)	manajer	[manadʒ'er]
compte (m)	rekening	[rekeniŋ]
numéro (m) du compte	nomor rekening	[nomor rekeniŋ]
compte (m) courant	rekening koran	[rekeniŋ koran]
compte (m) sur livret	rekening simpanan	[rekeniŋ simpanan]
ouvrir un compte	membuka rekening	[membuka rekeniŋ]
clôturer le compte	menutup rekening	[mənutup rekeniŋ]
verser dans le compte	memasukkan ke rekening	[memasu'kan ke rekeniŋ]
retirer du compte	menarik uang	[mənari' uaŋ]
dépôt (m)	deposito	[deposito]
faire un dépôt	melakukan setoran	[melakukan setoran]
virement (m) bancaire	transfer kawat	[transfer kawat]

faire un transfert	mentransfer	[məntransfer]
somme (f)	jumlah	[dʒʲumlah]
Combien?	Berapa?	[bərapa?]

signature (f)	tanda tangan	[tanda taŋan]
signer (vt)	menandatangani	[mənandataŋani]

carte (f) de crédit	kartu kredit	[kartu kredit]
code (m)	kode	[kode]
numéro (m) de carte de crédit	nomor kartu kredit	[nomor kartu kredit]
distributeur (m)	Anjungan Tunai Mandiri, ATM	[andʒʲuŋan tunaj mandiri], [a-te-em]

chèque (m)	cek	[tʃeʔ]
faire un chèque	menulis cek	[mənulis tʃeʔ]
chéquier (m)	buku cek	[buku tʃeʔ]

crédit (m)	kredit, pinjaman	[kredit], [pindʒʲaman]
demander un crédit	meminta kredit	[meminta kredit]
prendre un crédit	mendapatkan kredit	[məndapatkan kredit]
accorder un crédit	memberikan kredit	[memberikan kredit]
gage (m)	jaminan	[dʒʲaminan]

79. Le téléphone. La conversation téléphonique

téléphone (m)	telepon	[telepon]
portable (m)	ponsel	[ponsel]
répondeur (m)	mesin penjawab panggilan	[mesin pendʒʲawab paŋgilan]

téléphoner, appeler	menelepon	[mənelepon]
appel (m)	panggilan telepon	[paŋgilan telepon]

composer le numéro	memutar nomor telepon	[memutar nomor telepon]
Allô!	Halo!	[halo!]
demander (~ l'heure)	bertanya	[bertanja]
répondre (vi, vt)	menjawab	[məndʒʲawab]

entendre (bruit, etc.)	mendengar	[məndeŋar]
bien (adv)	baik	[bajʔ]
mal (adv)	buruk, jelek	[buruk], [dʒʲeleʔ]
bruits (m pl)	bising, gangguan	[bisiŋ], [gaŋguan]

récepteur (m)	gagang	[gagaŋ]
décrocher (vt)	mengangkat telepon	[məŋaŋkat telepon]
raccrocher (vi)	menutup telepon	[mənutup telepon]

occupé (adj)	sibuk	[sibuʔ]
sonner (vi)	berdering	[berderiŋ]
carnet (m) de téléphone	buku telepon	[buku telepon]

local (adj)	lokal	[lokal]
appel (m) local	panggilan lokal	[paŋgilan lokal]
interurbain (adj)	interlokal	[interlokal]
appel (m) interurbain	panggilan interlokal	[paŋgilan interlokal]

| international (adj) | internasional | [internasional] |
| appel (m) international | panggilan internasional | [paŋgilan internasional] |

80. Le téléphone portable

portable (m)	ponsel	[ponsel]
écran (m)	layar	[lajar]
bouton (m)	kenop	[kenop]
carte SIM (f)	kartu SIM	[kartu sim]

pile (f)	baterai	[bateraj]
être déchargé	mati	[mati]
chargeur (m)	pengisi baterai, pengecas	[peɲisi bateraj], [peŋetʃas]

| menu (m) | menu | [menu] |
| réglages (m pl) | penyetelan | [penjetelan] |

| mélodie (f) | nada panggil | [nada paŋgil] |
| sélectionner (vt) | memilih | [memilih] |

calculatrice (f)	kalkulator	[kalkulator]
répondeur (m)	penjawab telepon	[pendʒʲawab telepon]
réveil (m)	weker	[weker]
contacts (m pl)	buku telepon	[buku telepon]

| SMS (m) | pesan singkat | [pesan siŋkat] |
| abonné (m) | pelanggan | [pelaŋgan] |

81. La papeterie

| stylo (m) à bille | bolpen | [bolpen] |
| stylo (m) à plume | pena celup | [pena tʃelup] |

crayon (m)	pensil	[pensil]
marqueur (m)	spidol	[spidol]
feutre (m)	spidol	[spidol]

| bloc-notes (m) | buku catatan | [buku tʃatatan] |
| agenda (m) | agenda | [agenda] |

règle (f)	mistar, penggaris	[mistar], [peŋgaris]
calculatrice (f)	kalkulator	[kalkulator]
gomme (f)	karet penghapus	[karet peɲhapus]

| punaise (f) | paku payung | [paku pajuŋ] |
| trombone (m) | penjepit kertas | [pendʒʲepit kertas] |

| colle (f) | lem | [lem] |
| agrafeuse (f) | stapler | [stapler] |

| perforateur (m) | alat pelubang kertas | [alat pelubaŋ kertas] |
| taille-crayon (m) | rautan pensil | [rautan pensil] |

82. Les types d'activités économiques

services (m pl) comptables	jasa akuntansi	[dʒʲasa akuntansi]
publicité (f), pub (f)	periklanan	[pɘriklanan]
agence (f) publicitaire	biro periklanan	[biro pɘriklanan]
climatisation (m)	penyejuk udara	[penjedʒʲuʔ udara]
compagnie (f) aérienne	maskapai penerbangan	[maskapaj penerbaŋan]
boissons (f pl) alcoolisées	minuman beralkohol	[minuman bɘralkohol]
antiquités (f pl)	antikuariat	[antikuariat]
galerie (f) d'art	galeri seni	[galeri seni]
services (m pl) d'audition	jasa audit	[dʒʲasa audit]
banques (f pl)	industri perbankan	[industri pɘrbankan]
bar (m)	bar	[bar]
salon (m) de beauté	salon kecantikan	[salon ketʃantikan]
librairie (f)	toko buku	[toko buku]
brasserie (f) (fabrique)	pabrik bir	[pabriʔ bir]
centre (m) d'affaires	pusat bisnis	[pusat bisnis]
école (f) de commerce	sekolah bisnis	[sekolah bisnis]
casino (m)	kasino	[kasino]
bâtiment (m)	pembangunan	[pembaŋunan]
conseil (m)	jasa konsultasi	[dʒʲasa konsultasi]
dentistes (pl)	klinik gigi	[kliniʔ gigi]
design (m)	desain	[desajn]
pharmacie (f)	apotek, toko obat	[apotek], [toko obat]
pressing (m)	penatu kimia	[penatu kimia]
agence (f) de recrutement	biro tenaga kerja	[biro tenaga kerdʒʲa]
service (m) financier	jasa finansial	[dʒʲasa finansial]
produits (m pl) alimentaires	produk makanan	[produʔ makanan]
maison (f) funéraire	rumah duka	[rumah duka]
meubles (m pl)	mebel	[mebel]
vêtement (m)	pakaian, busana	[pakajan], [busana]
hôtel (m)	hotel	[hotel]
glace (f)	es krim	[es krim]
industrie (f)	industri	[industri]
assurance (f)	asuransi	[asuransi]
Internet (m)	Internet	[internet]
investissements (m pl)	investasi	[investasi]
bijoutier (m)	tukang perhiasan	[tukaŋ perhiasan]
bijouterie (f)	perhiasan	[perhiasan]
blanchisserie (f)	penatu	[penatu]
service (m) juridique	penasihat hukum	[penasihat hukum]
industrie (f) légère	industri ringan	[industri riŋan]
revue (f)	majalah	[madʒʲalah]
vente (f) par catalogue	perniagaan pesanan pos	[perniagaʔan pesanan pos]
médecine (f)	kedokteran	[kedokteran]
cinéma (m)	bioskop	[bioskop]
musée (m)	museum	[museum]

agence (f) d'information	kantor berita	[kantor bərita]
journal (m)	koran	[koran]
boîte (f) de nuit	klub malam	[klub malam]

pétrole (m)	petroleum, minyak	[petroleum], [minjaʔ]
coursiers (m pl)	jasa kurir	[dʒʲasa kurir]
industrie (f) pharmaceutique	farmasi	[farmasi]
imprimerie (f)	percetakan	[pərtʃetakan]
maison (f) d'édition	penerbit	[penerbit]

radio (f)	radio	[radio]
immobilier (m)	properti, lahan yasan	[properti], [lahan yasan]
restaurant (m)	restoran	[restoran]

agence (f) de sécurité	biro keamanan	[biro keamanan]
sport (m)	olahraga	[olahraga]
bourse (f)	bursa efek	[bursa efeʔ]
magasin (m)	toko	[toko]
supermarché (m)	pasar swalayan	[pasar swalajan]
piscine (f)	kolam renang	[kolam renaŋ]

atelier (m) de couture	rumah jahit	[rumah dʒʲahit]
télévision (f)	televisi	[televisi]
théâtre (m)	teater	[teater]
commerce (m)	perdagangan	[pərdagaŋan]
sociétés de transport	transportasi, angkutan	[transportasi], [aŋkutan]
tourisme (m)	pariwisata	[pariwisata]

vétérinaire (m)	dokter hewan	[dokter hewan]
entrepôt (m)	gudang	[gudaŋ]
récupération (f) des déchets	pemungutan sampah	[pemuŋutan sampah]

Le travail. Les affaires. Partie 2

83. Les foires et les salons

salon (m)	pameran	[pameran]
salon (m) commercial	pameran perdagangan	[pameran pərdagaŋan]
participation (f)	partisipasi	[partisipasi]
participer à ...	turut serta	[turut serta]
participant (m)	partisipan, peserta	[partisipan], [peserta]
directeur (m)	direktur	[direktur]
direction (f)	biro penyelenggara kegiatan	[biro penelerŋara kegiatan]
organisateur (m)	penyelenggara	[penjeleŋgara]
organiser (vt)	menyelenggarakan	[mənjeleŋgarakan]
demande (f) de participation	formulir keikutsertaan	[formulir keikutserta'an]
remplir (vt)	mengisi	[məŋisi]
détails (m pl)	detail	[detajl]
information (f)	informasi	[informasi]
prix (m)	harga	[harga]
y compris	termasuk	[tərmasu']
inclure (~ les taxes)	mencakup	[məntʃakup]
payer (régler)	membayar	[membajar]
droits (m pl) d'inscription	biaya pendaftaran	[biaja pendaftaran]
entrée (f)	masuk	[masu']
pavillon (m)	paviliun	[paviliun]
enregistrer (vt)	mendaftar	[məndaftar]
badge (m)	label identitas	[label identitas]
stand (m)	stand	[stand]
réserver (vt)	memesan	[memesan]
vitrine (f)	dagang layar kaca	[dagaŋ lajar katʃa]
lampe (f)	lampu	[lampu]
design (m)	desain	[desajn]
mettre (placer)	menempatkan	[mənempatkan]
être placé	diletakkan	[dileta'kan]
distributeur (m)	penyalur	[penjalur]
fournisseur (m)	penyuplai	[penjuplaj]
fournir (vt)	menyuplai	[mənjuplaj]
pays (m)	negara, negeri	[negara], [negeri]
étranger (adj)	asing	[asiŋ]
produit (m)	produk	[produ']
association (f)	asosiasi, perhimpunan	[asosiasi], [pərhimpunan]

salle (f) de conférences	gedung pertemuan	[geduŋ pərtemuan]
congrès (m)	kongres	[koŋres]
concours (m)	kontes	[kontes]
visiteur (m)	pengunjung	[peŋundʒʲuŋ]
visiter (vt)	mendatangi	[məndataɲi]
client (m)	pelanggan	[pelaŋgan]

84. La recherche scientifique et les chercheurs

science (f)	ilmu	[ilmu]
scientifique (adj)	ilmiah	[ilmiah]
savant (m)	ilmuwan	[ilmuwan]
théorie (f)	teori	[teori]
axiome (m)	aksioma	[aksioma]
analyse (f)	analisis	[analisis]
analyser (vt)	menganalisis	[məŋanalisis]
argument (m)	argumen	[argumen]
substance (f) (matière)	zat, bahan	[zat], [bahan]
hypothèse (f)	hipotesis	[hipotesis]
dilemme (m)	dilema	[dilema]
thèse (f)	disertasi	[disertasi]
dogme (m)	dogma	[dogma]
doctrine (f)	doktrin	[doktrin]
recherche (f)	riset, penelitian	[riset], [penelitian]
rechercher (vt)	penelitian	[penelitian]
test (m)	pengujian	[peŋudʒian]
laboratoire (m)	laboratorium	[laboratorium]
méthode (f)	metode	[metode]
molécule (f)	molekul	[molekul]
monitoring (m)	pemonitoran	[pemonitoran]
découverte (f)	penemuan	[penemuan]
postulat (m)	postulat	[postulat]
principe (m)	prinsip	[prinsip]
prévision (f)	prakiraan	[prakira'an]
prévoir (vt)	memprakirakan	[memprakirakan]
synthèse (f)	sintesis	[sintesis]
tendance (f)	tendensi	[tendensi]
théorème (m)	teorema	[teorema]
enseignements (m pl)	ajaran	[adʒʲaran]
fait (m)	fakta	[fakta]
expédition (f)	ekspedisi	[ekspedisi]
expérience (f)	eksperimen	[eksperimen]
académicien (m)	akademikus	[akademikus]
bachelier (m)	sarjana	[sardʒʲana]
docteur (m)	doktor	[doktor]

chargé (m) de cours	**Profesor Madya**	[profesor madja]
magistère (m)	**Master**	[master]
professeur (m)	**profesor**	[profesor]

Les professions. Les métiers

85. La recherche d'emploi. Le licenciement

travail (m)	kerja, pekerjaan	[kerdʒ'a], [pekerdʒ'a'an]
employés (pl)	staf, personalia	[staf], [pərsonalia]
personnel (m)	staf, personel	[staf], [pərsonel]
carrière (f)	karier	[karier]
perspective (f)	perspektif	[pərspektif]
maîtrise (f)	keterampilan	[keterampilan]
sélection (f)	pilihan	[pilihan]
agence (f) de recrutement	biro tenaga kerja	[biro tenaga kerdʒ'a]
C.V. (m)	resume	[resume]
entretien (m)	wawancara kerja	[wawantʃara kerdʒ'a]
emploi (m) vacant	lowongan	[lowoŋan]
salaire (m)	gaji, upah	[gadʒi], [upah]
salaire (m) fixe	gaji tetap	[gadʒi tetap]
rémunération (f)	bayaran	[bajaran]
poste (m) (~ évolutif)	jabatan	[dʒ'abatan]
fonction (f)	tugas	[tugas]
liste (f) des fonctions	bidang tugas	[bidaŋ tugas]
occupé (adj)	sibuk	[sibu']
licencier (vt)	memecat	[memetʃat]
licenciement (m)	pemecatan	[pemetʃatan]
chômage (m)	pengangguran	[peŋaŋguran]
chômeur (m)	penggangur	[peŋgaŋgur]
retraite (f)	pensiun	[pensiun]
prendre sa retraite	pensiun	[pensiun]

86. Les hommes d'affaires

directeur (m)	direktur	[direktur]
gérant (m)	manajer	[manadʒ'er]
patron (m)	bos, atasan	[bos], [atasan]
supérieur (m)	atasan	[atasan]
supérieurs (m pl)	atasan	[atasan]
président (m)	presiden	[presiden]
président (m) (d'entreprise)	ketua, dirut	[ketua], [dirut]
adjoint (m)	wakil	[wakil]
assistant (m)	asisten	[asisten]

secrétaire (m, f)	sekretaris	[sekretaris]
secrétaire (m, f) personnel	asisten pribadi	[asisten pribadi]
homme (m) d'affaires	pengusaha, pebisnis	[peŋusaha], [pebisnis]
entrepreneur (m)	pengusaha	[peŋusaha]
fondateur (m)	pendiri	[pendiri]
fonder (vt)	mendirikan	[məndirikan]
fondateur (m)	pendiri	[pendiri]
partenaire (m)	mitra	[mitra]
actionnaire (m)	pemegang saham	[pemegaŋ saham]
millionnaire (m)	jutawan	[dʒjutawan]
milliardaire (m)	miliarder	[miliarder]
propriétaire (m)	pemilik	[pemiliʔ]
propriétaire (m) foncier	tuan tanah	[tuan tanah]
client (m)	klien	[klien]
client (m) régulier	klien tetap	[klien tetap]
acheteur (m)	pembeli	[pembeli]
visiteur (m)	tamu	[tamu]
professionnel (m)	profesional	[profesional]
expert (m)	pakar, ahli	[pakar], [ahli]
spécialiste (m)	spesialis, ahli	[spesialis], [ahli]
banquier (m)	bankir	[bankir]
courtier (m)	broker, pialang	[broker], [pialaŋ]
caissier (m)	kasir	[kasir]
comptable (m)	akuntan	[akuntan]
agent (m) de sécurité	satpam, pengawal	[satpam], [peŋawal]
investisseur (m)	investor	[investor]
débiteur (m)	debitur	[debitur]
créancier (m)	kreditor	[kreditor]
emprunteur (m)	peminjam	[pemindʒjam]
importateur (m)	importir	[importir]
exportateur (m)	eksportir	[eksportir]
producteur (m)	produsen	[produsen]
distributeur (m)	penyalur	[penjalur]
intermédiaire (m)	perantara	[perantara]
conseiller (m)	konsultan	[konsultan]
représentant (m)	perwakilan penjualan	[perwakilan pendʒjualan]
agent (m)	agen	[agen]
agent (m) d'assurances	agen asuransi	[agen asuransi]

87. Les métiers des services

cuisinier (m)	koki, juru masak	[koki], [dʒjuru masaʔ]
cuisinier (m) en chef	koki kepala	[koki kepala]

boulanger (m)	pembuat roti	[pembuat roti]
barman (m)	pelayan bar	[pelajan bar]
serveur (m)	pelayan lelaki	[pelajan lelaki]
serveuse (f)	pelayan perempuan	[pelajan perempuan]

avocat (m)	advokat, pengacara	[advokat], [peɲatʃara]
juriste (m)	ahli hukum	[ahli hukum]
notaire (m)	notaris	[notaris]

électricien (m)	tukang listrik	[tukaŋ listriʔ]
plombier (m)	tukang pipa	[tukaŋ pipa]
charpentier (m)	tukang kayu	[tukaŋ kaju]

masseur (m)	tukang pijat lelaki	[tukaŋ pidʒʲat lelaki]
masseuse (f)	tukang pijat perempuan	[tukaŋ pidʒʲat perempuan]
médecin (m)	dokter	[dokter]

chauffeur (m) de taxi	sopir taksi	[sopir taksi]
chauffeur (m)	sopir	[sopir]
livreur (m)	kurir	[kurir]

femme (f) de chambre	pelayan kamar	[pelajan kamar]
agent (m) de sécurité	satpam, pengawal	[satpam], [peŋawal]
hôtesse (f) de l'air	pramugari	[pramugari]

professeur (m)	guru	[guru]
bibliothécaire (m)	pustakawan	[pustakawan]
traducteur (m)	penerjemah	[penerdʒʲemah]
interprète (m)	juru bahasa	[dʒʲuru bahasa]
guide (m)	pemandu wisata	[pemandu wisata]

coiffeur (m)	tukang cukur	[tukaŋ tʃukur]
facteur (m)	tukang pos	[tukaŋ pos]
vendeur (m)	pramuniaga	[pramuniaga]

jardinier (m)	tukang kebun	[tukaŋ kebun]
serviteur (m)	pramuwisma	[pramuwisma]
servante (f)	pramuwisma	[pramuwisma]
femme (f) de ménage	pembersih ruangan	[pembersih ruaŋan]

88. Les professions militaires et leurs grades

soldat (m) (grade)	prajurit	[pradʒʲurit]
sergent (m)	sersan	[sersan]
lieutenant (m)	letnan	[letnan]
capitaine (m)	kapten	[kapten]

commandant (m)	mayor	[major]
colonel (m)	kolonel	[kolonel]
général (m)	jenderal	[dʒʲenderal]
maréchal (m)	marsekal	[marsekal]
amiral (m)	laksamana	[laksamana]
militaire (m)	anggota militer	[aŋgota militer]
soldat (m)	tentara, serdadu	[tentara], [serdadu]

| officier (m) | perwira | [pərwira] |
| commandant (m) | komandan | [komandan] |

garde-frontière (m)	penjaga perbatasan	[pendʒʲaga perbatasan]
opérateur (m) radio	operator radio	[operator radio]
éclaireur (m)	pengintai	[peɲintaj]
démineur (m)	pencari ranjau	[pentʃari randʒʲau]
tireur (m)	petembak	[petembaʔ]
navigateur (m)	navigator, penavigasi	[navigator], [penavigasi]

89. Les fonctionnaires. Les prêtres

| roi (m) | raja | [radʒʲa] |
| reine (f) | ratu | [ratu] |

| prince (m) | pangeran | [paŋeran] |
| princesse (f) | putri | [putri] |

| tsar (m) | tsar, raja | [tsar], [radʒʲa] |
| tsarine (f) | tsarina, ratu | [tsarina], [ratu] |

président (m)	presiden	[presiden]
ministre (m)	Menteri Sekretaris	[mənteri sekretaris]
premier ministre (m)	perdana menteri	[pərdana menteri]
sénateur (m)	senator	[senator]

diplomate (m)	diplomat	[diplomat]
consul (m)	konsul	[konsul]
ambassadeur (m)	duta besar	[duta besar]
conseiller (m)	penasihat	[penasihat]

fonctionnaire (m)	petugas	[petugas]
préfet (m)	prefek	[prefeʔ]
maire (m)	walikota	[walikota]

| juge (m) | hakim | [hakim] |
| procureur (m) | kejaksaan negeri | [kedʒʲaksaʔan negeri] |

missionnaire (m)	misionaris	[misionaris]
moine (m)	biarawan, rahib	[biarawan], [rahib]
abbé (m)	abbas	[abbas]
rabbin (m)	rabbi	[rabbi]

vizir (m)	wazir	[wazir]
shah (m)	syah	[ʃah]
cheik (m)	syeikh	[ʃejh]

90. Les professions agricoles

apiculteur (m)	peternak lebah	[peternaʔ lebah]
berger (m)	penggembala	[peŋgembala]
agronome (m)	agronom	[agronom]

éleveur (m)	peternak	[peternaʔ]
vétérinaire (m)	dokter hewan	[dokter hewan]
fermier (m)	petani	[petani]
vinificateur (m)	pembuat anggur	[pembuat aŋgur]
zoologiste (m)	zoolog	[zoolog]
cow-boy (m)	koboi	[koboi]

91. Les professions artistiques

acteur (m)	aktor	[aktor]
actrice (f)	aktris	[aktris]
chanteur (m)	biduan	[biduan]
cantatrice (f)	biduanita	[biduanita]
danseur (m)	penari lelaki	[penari lelaki]
danseuse (f)	penari perempuan	[penari pərempuan]
artiste (m)	artis	[artis]
artiste (f)	artis	[artis]
musicien (m)	musisi, musikus	[musisi], [musikus]
pianiste (m)	pianis	[pianis]
guitariste (m)	pemain gitar	[pemajn gitar]
chef (m) d'orchestre	konduktor	[konduktor]
compositeur (m)	komposer, komponis	[komposer], [komponis]
imprésario (m)	impresario	[impresario]
metteur (m) en scène	sutradara	[sutradara]
producteur (m)	produser	[produser]
scénariste (m)	penulis skenario	[penulis skenario]
critique (m)	kritikus	[kritikus]
écrivain (m)	penulis	[penulis]
poète (m)	penyair	[penjajr]
sculpteur (m)	pematung	[pematuŋ]
peintre (m)	perupa	[pərupa]
jongleur (m)	juggler	[dʒʲuggler]
clown (m)	badut	[badut]
acrobate (m)	akrobat	[akrobat]
magicien (m)	pesulap	[pesulap]

92. Les différents métiers

médecin (m)	dokter	[dokter]
infirmière (f)	suster, juru rawat	[suster], [dʒʲuru rawat]
psychiatre (m)	psikiater	[psikiater]
stomatologue (m)	dokter gigi	[dokter gigi]
chirurgien (m)	dokter bedah	[dokter bedah]

astronaute (m)	astronaut	[astronaut]
astronome (m)	astronom	[astronom]
pilote (m)	pilot	[pilot]
chauffeur (m)	sopir	[sopir]
conducteur (m) de train	masinis	[masinis]
mécanicien (m)	mekanik	[mekaniʔ]
mineur (m)	penambang	[penambaŋ]
ouvrier (m)	buruh, pekerja	[buruh], [pekerdʒʲa]
serrurier (m)	tukang kikir	[tukaŋ kikir]
menuisier (m)	tukang kayu	[tukaŋ kaju]
tourneur (m)	tukang bubut	[tukaŋ bubut]
ouvrier (m) du bâtiment	buruh bangunan	[buruh baŋunan]
soudeur (m)	tukang las	[tukaŋ las]
professeur (m) (titre)	profesor	[profesor]
architecte (m)	arsitek	[arsiteʔ]
historien (m)	sejarawan	[sedʒʲarawan]
savant (m)	ilmuwan	[ilmuwan]
physicien (m)	fisikawan	[fisikawan]
chimiste (m)	kimiawan	[kimiawan]
archéologue (m)	arkeolog	[arkeolog]
géologue (m)	geolog	[geolog]
chercheur (m)	periset, peneliti	[pəriset], [peneliti]
baby-sitter (m, f)	pengasuh anak	[peŋasuh anaʔ]
pédagogue (m, f)	guru, pendidik	[guru], [pendidiʔ]
rédacteur (m)	editor, penyunting	[editor], [penyuntiŋ]
rédacteur (m) en chef	editor kepala	[editor kepala]
correspondant (m)	koresponden	[koresponden]
dactylographe (f)	juru ketik	[dʒʲuru ketiʔ]
designer (m)	desainer, perancang	[desajner], [pərantʃaŋ]
informaticien (m)	ahli komputer	[ahli komputer]
programmeur (m)	pemrogram	[pemrogram]
ingénieur (m)	insinyur	[insinyur]
marin (m)	pelaut	[pelaut]
matelot (m)	kelasi	[kelasi]
secouriste (m)	penyelamat	[penjelamat]
pompier (m)	pemadam kebakaran	[pemadam kebakaran]
policier (m)	polisi	[polisi]
veilleur (m) de nuit	penjaga	[pendʒʲaga]
détective (m)	detektif	[detektif]
douanier (m)	petugas pabean	[petugas pabean]
garde (m) du corps	pengawal pribadi	[peŋawal pribadi]
gardien (m) de prison	sipir, penjaga penjara	[sipir], [pendʒʲaga pendʒʲara]
inspecteur (m)	inspektur	[inspektur]
sportif (m)	olahragawan	[olahragawan]
entraîneur (m)	pelatih	[pelatih]

boucher (m)	tukang daging	[tukaŋ dagiŋ]
cordonnier (m)	tukang sepatu	[tukaŋ sepatu]
commerçant (m)	pedagang	[pedagaŋ]
chargeur (m)	kuli	[kuli]
couturier (m)	perancang busana	[pərantʃaŋ busana]
modèle (f)	peragawati	[pəragawati]

93. Les occupations. Le statut social

écolier (m)	siswa	[siswa]
étudiant (m)	mahasiswa	[mahasiswa]
philosophe (m)	filsuf	[filsuf]
économiste (m)	ahli ekonomi	[ahli ekonomi]
inventeur (m)	penemu	[penemu]
chômeur (m)	pengganggur	[peŋgaŋgur]
retraité (m)	pensiunan	[pensiunan]
espion (m)	mata-mata	[mata-mata]
prisonnier (m)	tahanan	[tahanan]
gréviste (m)	pemogok	[pemogoʔ]
bureaucrate (m)	birokrat	[birokrat]
voyageur (m)	pelancong	[pelantʃoŋ]
homosexuel (m)	homo, homoseksual	[homo], [homoseksual]
hacker (m)	peretas	[pəretas]
hippie (m, f)	hipi	[hipi]
bandit (m)	bandit	[bandit]
tueur (m) à gages	pembunuh bayaran	[pembunuh bajaran]
drogué (m)	pecandu narkoba	[petʃandu narkoba]
trafiquant (m) de drogue	pengedar narkoba	[peŋedar narkoba]
prostituée (f)	pelacur	[pelatʃur]
souteneur (m)	germo	[germo]
sorcier (m)	penyihir lelaki	[penjihir lelaki]
sorcière (f)	penyihir perempuan	[penjihir pərempuan]
pirate (m)	bajak laut	[badʒiaʔ laut]
esclave (m)	budak	[budaʔ]
samouraï (m)	samurai	[samuraj]
sauvage (m)	orang primitif	[oraŋ primitif]

L'êducation

94. L'êducation

école (f)	sekolah	[sekolah]
directeur (m) d'école	kepala sekolah	[kepala sekolah]
élève (m)	murid laki-laki	[murid laki-laki]
élève (f)	murid perempuan	[murid perempuan]
écolier (m)	siswa	[siswa]
écolière (f)	siswi	[siswi]
enseigner (vt)	mengajar	[məŋadʒʲar]
apprendre (~ l'arabe)	belajar	[beladʒʲar]
apprendre par cœur	menghafalkan	[məŋhafalkan]
apprendre (à faire qch)	belajar	[beladʒʲar]
être étudiant, -e	bersekolah	[bərsekolah]
aller à l'école	ke sekolah	[ke sekolah]
alphabet (m)	alfabet, abjad	[alfabet], [abdʒʲad]
matière (f)	subjek, mata pelajaran	[subdʒʲek], [mata peladʒʲaran]
salle (f) de classe	ruang kelas	[ruaŋ kelas]
leçon (f)	pelajaran	[peladʒʲaran]
récréation (f)	waktu istirahat	[waktu istirahat]
sonnerie (f)	lonceng	[lontʃeŋ]
pupitre (m)	bangku sekolah	[baŋku sekolah]
tableau (m) noir	papan tulis hitam	[papan tulis hitam]
note (f)	nilai	[nilaj]
bonne note (f)	nilai baik	[nilaj bajʔ]
mauvaise note (f)	nilai jelek	[nilaj dʒʲeleʔ]
donner une note	memberikan nilai	[memberikan nilaj]
faute (f)	kesalahan	[kesalahan]
faire des fautes	melakukan kesalahan	[melakukan kesalahan]
corriger (une erreur)	mengoreksi	[məŋoreksi]
antisèche (f)	contekan	[tʃontekan]
devoir (m)	pekerjaan rumah	[pekerdʒʲaʔan rumah]
exercice (m)	latihan	[latihan]
être présent	hadir	[hadir]
être absent	absen, tidak hadir	[absen], [tidaʔ hadir]
manquer l'école	absen dari sekolah	[absen dari sekolah]
punir (vt)	menghukum	[məŋhukum]
punition (f)	hukuman	[hukuman]
conduite (f)	perilaku	[perilaku]

carnet (m) de notes	rapor	[rapor]
crayon (m)	pensil	[pensil]
gomme (f)	karet penghapus	[karet peŋhapus]
craie (f)	kapur	[kapur]
plumier (m)	kotak pensil	[kota' pensil]
cartable (m)	tas sekolah	[tas sekolah]
stylo (m)	pen	[pen]
cahier (m)	buku tulis	[buku tulis]
manuel (m)	buku pelajaran	[buku pelaʤˈaran]
compas (m)	paser, jangka	[paser], [ʤˈaŋka]
dessiner (~ un plan)	menggambar	[məŋgambar]
dessin (m) technique	gambar teknik	[gambar tekniʔ]
poésie (f)	puisi, sajak	[puisi], [saʤˈaʔ]
par cœur (adv)	hafal	[hafal]
apprendre par cœur	menghafalkan	[məŋhafalkan]
vacances (f pl)	liburan sekolah	[liburan sekolah]
être en vacances	berlibur	[bərlibur]
passer les vacances	menjalani liburan	[mənʤˈalani liburan]
interrogation (f) écrite	tes, kuis	[tes], [kuis]
composition (f)	esai, karangan	[esaj], [karaŋan]
dictée (f)	dikte	[dikte]
examen (m)	ujian	[uʤian]
passer les examens	menempuh ujian	[mənempuh uʤian]
expérience (f) (~ de chimie)	eksperimen	[eksperimen]

95. L'enseignement supérieur

académie (f)	akademi	[akademi]
université (f)	universitas	[universitas]
faculté (f)	fakultas	[fakultas]
étudiant (m)	mahasiswa	[mahasiswa]
étudiante (f)	mahasiswi	[mahasiswi]
enseignant (m)	dosen	[dosen]
salle (f)	ruang kuliah	[ruaŋ kuliah]
licencié (m)	lulusan	[lulusan]
diplôme (m)	ijazah	[iʤˈazah]
thèse (f)	disertasi	[disertasi]
étude (f)	penelitian	[penelitian]
laboratoire (m)	laboratorium	[laboratorium]
cours (m)	kuliah	[kuliah]
camarade (m) de cours	rekan sekuliah	[rekan sekuliah]
bourse (f)	beasiswa	[beasiswa]
grade (m) universitaire	gelar akademik	[gelar akademiʔ]

96. Les disciplines scientifiques

mathématiques (f pl)	matematika	[matematika]
algèbre (f)	aljabar	[aldʒˈabar]
géométrie (f)	geometri	[geometri]
astronomie (f)	astronomi	[astronomi]
biologie (f)	biologi	[biologi]
géographie (f)	geografi	[geografi]
géologie (f)	geologi	[geologi]
histoire (f)	sejarah	[sedʒˈarah]
médecine (f)	kedokteran	[kedokteran]
pédagogie (f)	pedagogi	[pedagogi]
droit (m)	hukum	[hukum]
physique (f)	fisika	[fisika]
chimie (f)	kimia	[kimia]
philosophie (f)	filsafat	[filsafat]
psychologie (f)	psikologi	[psikologi]

97. Le systéme d'êcriture et l'orthographe

grammaire (f)	tatabahasa	[tatabahasa]
vocabulaire (m)	kosakata	[kosakata]
phonétique (f)	fonetik	[fonetiʔ]
nom (m)	nomina	[nomina]
adjectif (m)	adjektiva	[adʒˈektiva]
verbe (m)	verba	[verba]
adverbe (m)	adverbia	[adverbia]
pronom (m)	kata ganti	[kata ganti]
interjection (f)	kata seru	[kata seru]
préposition (f)	preposisi, kata depan	[preposisi], [kata depan]
racine (f)	kata dasar	[kata dasar]
terminaison (f)	akhiran	[ahiran]
préfixe (m)	prefiks, awalan	[prefiks], [awalan]
syllabe (f)	suku kata	[suku kata]
suffixe (m)	sufiks, akhiran	[sufiks], [ahiran]
accent (m) tonique	tanda tekanan	[tanda tekanan]
apostrophe (f)	apostrofi	[apostrofi]
point (m)	titik	[titiʔ]
virgule (f)	koma	[koma]
point (m) virgule	titik koma	[titiʔ koma]
deux-points (m)	titik dua	[titiʔ dua]
points (m pl) de suspension	elipsis, lesapan	[elipsis], [lesapan]
point (m) d'interrogation	tanda tanya	[tanda tanja]
point (m) d'exclamation	tanda seru	[tanda seru]

guillemets (m pl)	tanda petik	[tanda petiʔ]
entre guillemets	dalam tanda petik	[dalam tanda petiʔ]
parenthèses (f pl)	tanda kurung	[tanda kuruŋ]
entre parenthèses	dalam tanda kurung	[dalam tanda kuruŋ]
trait (m) d'union	tanda pisah	[tanda pisah]
tiret (m)	tanda hubung	[tanda hubuŋ]
blanc (m)	spasi	[spasi]
lettre (f)	huruf	[huruf]
majuscule (f)	huruf kapital	[huruf kapital]
voyelle (f)	vokal	[vokal]
consonne (f)	konsonan	[konsonan]
proposition (f)	kalimat	[kalimat]
sujet (m)	subjek	[subdʒʲeʔ]
prédicat (m)	predikat	[predikat]
ligne (f)	baris	[baris]
à la ligne	di baris baru	[di baris baru]
paragraphe (m)	alinea, paragraf	[alinea], [paragraf]
mot (m)	kata	[kata]
groupe (m) de mots	rangkaian kata	[raŋkajan kata]
expression (f)	ungkapan	[uŋkapan]
synonyme (m)	sinonim	[sinonim]
antonyme (m)	antonim	[antonim]
règle (f)	peraturan	[pəraturan]
exception (f)	perkecualian	[pərketʃualian]
correct (adj)	benar, betul	[benar], [betul]
conjugaison (f)	konjugasi	[kondʒʲugasi]
déclinaison (f)	deklinasi	[deklinasi]
cas (m)	kasus nominal	[kasus nominal]
question (f)	pertanyaan	[pərtanjaʔan]
souligner (vt)	menggaris bawahi	[məŋgaris bawahi]
pointillé (m)	garis bertitik	[garis bərtitiʔ]

98. Les langues étrangères

langue (f)	bahasa	[bahasa]
étranger (adj)	asing	[asiŋ]
langue (f) étrangère	bahasa asing	[bahasa asiŋ]
étudier (vt)	mempelajari	[mempeladʒʲari]
apprendre (~ l'arabe)	belajar	[beladʒʲar]
lire (vi, vt)	membaca	[membatʃa]
parler (vi, vt)	berbicara	[bərbitʃara]
comprendre (vt)	mengerti	[məŋerti]
écrire (vt)	menulis	[mənulis]
vite (adv)	cepat, fasih	[tʃepat], [fasih]
lentement (adv)	perlahan-lahan	[pərlahan-lahan]

couramment (adv)	fasih	[fasih]
règles (f pl)	peraturan	[pəraturan]
grammaire (f)	tatabahasa	[tatabahasa]
vocabulaire (m)	kosakata	[kosakata]
phonétique (f)	fonetik	[foneti']
manuel (m)	buku pelajaran	[buku pelaʤˈaran]
dictionnaire (m)	kamus	[kamus]
manuel (m) autodidacte	buku autodidak	[buku autodida']
guide (m) de conversation	panduan percakapan	[panduan pərʧakapan]
cassette (f)	kaset	[kaset]
cassette (f) vidéo	kaset video	[kaset video]
CD (m)	cakram kompak	[ʧakram kompa']
DVD (m)	cakram DVD	[ʧakram di-vi-di]
alphabet (m)	alfabet, abjad	[alfabet], [abʤˈad]
épeler (vt)	mengeja	[məŋeʤˈa]
prononciation (f)	pelafalan	[pelafalan]
accent (m)	aksen	[aksen]
avec un accent	dengan aksen	[deŋan aksen]
sans accent	tanpa aksen	[tanpa aksen]
mot (m)	kata	[kata]
sens (m)	arti	[arti]
cours (m pl)	kursus	[kursus]
s'inscrire (vp)	Mendaftar	[məndaftar]
professeur (m) (~ d'anglais)	guru	[guru]
traduction (f) (action)	penerjemahan	[penerʤˈemahan]
traduction (f) (texte)	terjemahan	[tərʤˈemahan]
traducteur (m)	penerjemah	[penerʤˈemah]
interprète (m)	juru bahasa	[ʤˈuru bahasa]
polyglotte (m)	poliglot	[poliglot]
mémoire (f)	memori, daya ingat	[memori], [daja iŋat]

Les loisirs. Les voyages

99. Les voyages. Les excursions

tourisme (m)	pariwisata	[pariwisata]
touriste (m)	turis, wisatawan	[turis], [wisatawan]
voyage (m) (à l'étranger)	pengembaraan	[peŋembara'an]
aventure (f)	petualangan	[petualaŋan]
voyage (m)	perjalanan, lawatan	[pərdʒ'alanan], [lawatan]
vacances (f pl)	liburan	[liburan]
être en vacances	berlibur	[bərlibur]
repos (m) (jours de ~)	istirahat	[istirahat]
train (m)	kereta api	[kereta api]
en train	naik kereta api	[nai' kereta api]
avion (m)	pesawat terbang	[pesawat tərbaŋ]
en avion	naik pesawat terbang	[nai' pesawat tərbaŋ]
en voiture	naik mobil	[nai' mobil]
en bateau	naik kapal	[nai' kapal]
bagage (m)	bagasi	[bagasi]
malle (f)	koper	[koper]
chariot (m)	troli bagasi	[troli bagasi]
passeport (m)	paspor	[paspor]
visa (m)	visa	[visa]
ticket (m)	tiket	[tiket]
billet (m) d'avion	tiket pesawat terbang	[tiket pesawat tərbaŋ]
guide (m) (livre)	buku pedoman	[buku pedoman]
carte (f)	peta	[peta]
région (f) (~ rurale)	kawasan	[kawasan]
endroit (m)	tempat	[tempat]
exotisme (m)	keeksotisan	[keeksotisan]
exotique (adj)	eksotis	[eksotis]
étonnant (adj)	menakjubkan	[mənakdʒ'ubkan]
groupe (m)	kelompok	[kelompo']
excursion (f)	ekskursi	[ekskursi]
guide (m) (personne)	pemandu wisata	[pemandu wisata]

100. L'hôtel

hôtel (m), auberge (f)	hotel	[hotel]
motel (m)	motel	[motel]
3 étoiles	bintang tiga	[bintaŋ tiga]

5 étoiles	bintang lima	[bintaŋ lima]
descendre (à l'hôtel)	menginap	[məɲinap]
chambre (f)	kamar	[kamar]
chambre (f) simple	kamar tunggal	[kamar tuŋgal]
chambre (f) double	kamar ganda	[kamar ganda]
réserver une chambre	memesan kamar	[memesan kamar]
demi-pension (f)	sewa setengah	[sewa seteŋah]
pension (f) complète	sewa penuh	[sewa penuh]
avec une salle de bain	dengan kamar mandi	[deŋan kamar mandi]
avec une douche	dengan pancuran	[deŋan pantʃuran]
télévision (f) par satellite	televisi satelit	[televisi satelit]
climatiseur (m)	penyejuk udara	[penjedʒʲuʔ udara]
serviette (f)	handuk	[handuʔ]
clé (f)	kunci	[kuntʃi]
administrateur (m)	administrator	[administrator]
femme (f) de chambre	pelayan kamar	[pelajan kamar]
porteur (m)	porter	[porter]
portier (m)	pramupintu	[pramupintu]
restaurant (m)	restoran	[restoran]
bar (m)	bar	[bar]
petit déjeuner (m)	makan pagi, sarapan	[makan pagi], [sarapan]
dîner (m)	makan malam	[makan malam]
buffet (m)	prasmanan	[prasmanan]
hall (m)	lobi	[lobi]
ascenseur (m)	elevator	[elevator]
PRIÈRE DE NE PAS DÉRANGER	JANGAN MENGGANGGU	[dʒʲaŋan məŋgaŋgu]
DÉFENSE DE FUMER	DILARANG MEROKOK!	[dilaraŋ merokoʔ!]

LE MATÉRIEL TECHNIQUE. LES TRANSPORTS

Le matériel technique

101. L'informatique

ordinateur (m)	komputer	[komputer]
PC (m) portable	laptop	[laptop]
allumer (vt)	menyalakan	[mənjalakan]
éteindre (vt)	mematikan	[mematikan]
clavier (m)	keyboard, papan tombol	[keybor], [papan tombol]
touche (f)	tombol	[tombol]
souris (f)	tetikus	[tetikus]
tapis (m) de souris	bantal tetikus	[bantal tetikus]
bouton (m)	tombol	[tombol]
curseur (m)	kursor	[kursor]
moniteur (m)	monitor	[monitor]
écran (m)	layar	[lajar]
disque (m) dur	hard disk, cakram keras	[hard disk], [tʃakram keras]
capacité (f) du disque dur	kapasitas cakram keras	[kapasitas tʃakram keras]
mémoire (f)	memori	[memori]
mémoire (f) vive	memori akses acak	[memori akses atʃa']
fichier (m)	file, berkas	[file], [bərkas]
dossier (m)	folder	[folder]
ouvrir (vt)	membuka	[membuka]
fermer (vt)	menutup	[mənutup]
sauvegarder (vt)	menyimpan	[mənjimpan]
supprimer (vt)	menghapus	[mənhapus]
copier (vt)	menyalin	[mənjalin]
trier (vt)	menyortir	[mənjortir]
copier (vt)	mentransfer	[məntransfer]
programme (m)	program	[program]
logiciel (m)	perangkat lunak	[pəraŋkat luna']
programmeur (m)	pemrogram	[pemrogram]
programmer (vt)	memprogram	[memprogram]
hacker (m)	peretas	[pəretas]
mot (m) de passe	kata sandi	[kata sandi]
virus (m)	virus	[virus]
découvrir (détecter)	mendeteksi	[məndeteksi]
bit (m)	bita	[bita]

mégabit (m)	megabita	[megabita]
données (f pl)	data	[data]
base (f) de données	basis data, pangkalan data	[basis data], [paŋkalan data]

câble (m)	kabel	[kabel]
déconnecter (vt)	melepaskan	[melepaskan]
connecter (vt)	menyambungkan	[mənjambuŋkan]

102. L'Internet. Le courrier électronique

Internet (m)	Internet	[internet]
navigateur (m)	peramban	[peramban]
moteur (m) de recherche	mesin telusur	[mesin telusur]
fournisseur (m) d'accès	provider	[provider]

administrateur (m) de site	webmaster, perancang web	[webmaster], [pərantʃaŋ web]
site (m) web	situs web	[situs web]
page (f) web	halaman web	[halaman web]

| adresse (f) | alamat | [alamat] |
| carnet (m) d'adresses | buku alamat | [buku alamat] |

boîte (f) de réception	kotak surat	[kotaʔ surat]
courrier (m)	surat	[surat]
pleine (adj)	penuh	[penuh]

message (m)	pesan	[pesan]
messages (pl) entrants	pesan masuk	[pesan masuʔ]
messages (pl) sortants	pesan keluar	[pesan keluar]

expéditeur (m)	pengirim	[peŋirim]
envoyer (vt)	mengirim	[məŋirim]
envoi (m)	pengiriman	[peŋiriman]

| destinataire (m) | penerima | [penerima] |
| recevoir (vt) | menerima | [mənerima] |

| correspondance (f) | surat-menyurat | [surat-menyurat] |
| être en correspondance | surat-menyurat | [surat-menyurat] |

fichier (m)	file, berkas	[file], [bərkas]
télécharger (vt)	mengunduh	[məŋunduh]
créer (vt)	membuat	[membuat]
supprimer (vt)	menghapus	[məŋhapus]
supprimé (adj)	terhapus	[tərhapus]

connexion (f) (ADSL, etc.)	koneksi	[koneksi]
vitesse (f)	kecepatan	[ketʃepatan]
modem (m)	modem	[modem]
accès (m)	akses	[akses]
port (m)	porta	[porta]

| connexion (f) (établir la ~) | koneksi | [koneksi] |
| se connecter à ... | terhubung ke ... | [tərhubuŋ ke ...] |

| sélectionner (vt) | memilih | [memilih] |
| rechercher (vt) | mencari ... | [məntʃari ...] |

103. L'électricité

électricité (f)	listrik	[listriʔ]
électrique (adj)	listrik	[listriʔ]
centrale (f) électrique	pembangkit listrik	[pembaŋkit listriʔ]
énergie (f)	energi, tenaga	[energi], [tenaga]
énergie (f) électrique	tenaga listrik	[tenaga listriʔ]

ampoule (f)	bohlam	[bohlam]
torche (f)	lentera	[lentera]
réverbère (m)	lampu jalan	[lampu dʒʲalan]

lumière (f)	lampu	[lampu]
allumer (vt)	menyalakan	[mənjalakan]
éteindre (vt)	mematikan	[mematikan]
éteindre la lumière	mematikan lampu	[mematikan lampu]

être grillé	mati	[mati]
court-circuit (m)	korsleting	[korsletiŋ]
rupture (f)	kabel putus	[kabel putus]
contact (m)	kontak	[kontaʔ]

interrupteur (m)	sakelar	[sakelar]
prise (f)	colokan	[tʃolokan]
fiche (f)	steker	[steker]
rallonge (f)	kabel ekstensi	[kabel ekstensi]

fusible (m)	sekering	[sekeriŋ]
fil (m)	kabel, kawat	[kabel], [kawat]
installation (f) électrique	rangkaian kabel	[raŋkajan kabel]

ampère (m)	ampere	[ampere]
intensité (f) du courant	kuat arus listrik	[kuat arus listriʔ]
volt (m)	volt	[volt]
tension (f)	voltase	[voltase]

| appareil (m) électrique | perkakas listrik | [pərkakas listriʔ] |
| indicateur (m) | indikator | [indikator] |

électricien (m)	tukang listrik	[tukaŋ listriʔ]
souder (vt)	mematri	[mematri]
fer (m) à souder	besi solder	[besi solder]
courant (m)	arus listrik	[arus listriʔ]

104. Les outils

outil (m)	alat	[alat]
outils (m pl)	peralatan	[pəralatan]
équipement (m)	perlengkapan	[pərleŋkapan]

marteau (m)	martil, palu	[martil], [palu]
tournevis (m)	obeng	[obeŋ]
hache (f)	kapak	[kapaʔ]
scie (f)	gergaji	[gergadʒi]
scier (vt)	menggergaji	[məŋgergadʒi]
rabot (m)	serut	[serut]
raboter (vt)	menyerut	[mənjerut]
fer (m) à souder	besi solder	[besi solder]
souder (vt)	mematri	[mematri]
lime (f)	kikir	[kikir]
tenailles (f pl)	tang	[taŋ]
pince (f) plate	catut	[tʃatut]
ciseau (m)	pahat	[pahat]
foret (m)	mata bor	[mata bor]
perceuse (f)	bor listrik	[bor listriʔ]
percer (vt)	mengebor	[məŋebor]
couteau (m)	pisau	[pisau]
canif (m)	pisau saku	[pisau saku]
pliant (adj)	pisau lipat	[pisau lipat]
lame (f)	mata pisau	[mata pisau]
bien affilé (adj)	tajam	[tadʒ'am]
émoussé (adj)	tumpul	[tumpul]
s'émousser (vp)	menjadi tumpul	[məndʒ'adi tumpul]
affiler (vt)	mengasah	[məŋasah]
boulon (m)	baut	[baut]
écrou (m)	mur	[mur]
filetage (m)	ulir	[ulir]
vis (f) à bois	sekrup	[sekrup]
clou (m)	paku	[paku]
tête (f) de clou	paku payung	[paku pajuŋ]
règle (f)	mistar, penggaris	[mistar], [peŋgaris]
mètre (m) à ruban	meteran	[meteran]
niveau (m) à bulle	pengukur kedataran	[peŋukur kedataran]
loupe (f)	kaca pembesar	[katʃa pembesar]
appareil (m) de mesure	alat ukur	[alat ukur]
mesurer (vt)	mengukur	[məŋukur]
échelle (f) (~ métrique)	skala	[skala]
relevé (m)	pencatatan	[pentʃatatan]
compresseur (m)	kompresor	[kompresor]
microscope (m)	mikroskop	[mikroskop]
pompe (f)	pompa	[pompa]
robot (m)	robot	[robot]
laser (m)	laser	[laser]
clé (f) de serrage	kunci pas	[kuntʃi pas]
ruban (m) adhésif	selotip	[selotip]

colle (f)	lem	[lem]
papier (m) d'émeri	kertas amplas	[kertas amplas]
ressort (m)	pegas, per	[pegas], [per]
aimant (m)	magnet	[magnet]
gants (m pl)	sarung tangan	[saruŋ taŋan]
corde (f)	tali	[tali]
cordon (m)	tambang, tali	[tambaŋ], [tali]
fil (m) (~ électrique)	kabel, kawat	[kabel], [kawat]
câble (m)	kabel, kawat	[kabel], [kawat]
masse (f)	palu godam	[palu godam]
pic (m)	linggis	[liŋgis]
escabeau (m)	tangga	[taŋga]
échelle (f) double	tangga	[taŋga]
visser (vt)	mengencangkan	[məɲentʃaŋkan]
dévisser (vt)	mengendurkan	[məŋendurkan]
serrer (vt)	mengencangkan	[məɲentʃaŋkan]
coller (vt)	menempelkan	[mənempelkan]
couper (vt)	memotong	[memotoŋ]
défaut (m)	malafungsi, kerusakan	[malafuŋsi], [kerusakan]
réparation (f)	perbaikan	[pərbajkan]
réparer (vt)	mereparasi, memperbaiki	[mereparasi], [memperbajki]
régler (vt)	menyetel	[mənetel]
vérifier (vt)	memeriksa	[memeriksa]
vérification (f)	pemeriksaan	[pemeriksa'an]
relevé (m)	pencatatan	[pentʃatatan]
fiable (machine ~)	andal	[andal]
complexe (adj)	rumit	[rumit]
rouiller (vi)	berkarat, karatan	[bərkarat], [karatan]
rouillé (adj)	berkarat, karatan	[bərkarat], [karatan]
rouille (f)	karat	[karat]

Les transports

105. L'avion

avion (m)	pesawat terbang	[pesawat tərbaŋ]
billet (m) d'avion	tiket pesawat terbang	[tiket pesawat tərbaŋ]
compagnie (f) aérienne	maskapai penerbangan	[maskapaj penerbaŋan]
aéroport (m)	bandara	[bandara]
supersonique (adj)	supersonik	[supersoniʔ]
commandant (m) de bord	kapten	[kapten]
équipage (m)	awak	[awaʔ]
pilote (m)	pilot	[pilot]
hôtesse (f) de l'air	pramugari	[pramugari]
navigateur (m)	navigator, penavigasi	[navigator], [penavigasi]
ailes (f pl)	sayap	[sajap]
queue (f)	ekor	[ekor]
cabine (f)	kokpit	[kokpit]
moteur (m)	mesin	[mesin]
train (m) d'atterrissage	roda pendarat	[roda pendarat]
turbine (f)	turbin	[turbin]
hélice (f)	baling-baling	[baliŋ-baliŋ]
boîte (f) noire	kotak hitam	[kotaʔ hitam]
gouvernail (m)	kemudi	[kemudi]
carburant (m)	bahan bakar	[bahan bakar]
consigne (f) de sécurité	instruksi keselamatan	[instruksi keselamatan]
masque (m) à oxygène	masker oksigen	[masker oksigen]
uniforme (m)	seragam	[seragam]
gilet (m) de sauvetage	jaket pelampung	[dʒʲaket pelampuŋ]
parachute (m)	parasut	[parasut]
décollage (m)	lepas landas	[lepas landas]
décoller (vi)	bertolak	[bertolaʔ]
piste (f) de décollage	jalur lepas landas	[dʒʲalur lepas landas]
visibilité (f)	visibilitas, pandangan	[visibilitas], [pandaŋan]
vol (m) (~ d'oiseau)	penerbangan	[penerbaŋan]
altitude (f)	ketinggian	[ketiŋgian]
trou (m) d'air	lubang udara	[lubaŋ udara]
place (f)	tempat duduk	[tempat duduʔ]
écouteurs (m pl)	headphone, fonkepala	[headphone], [fonkepala]
tablette (f)	meja lipat	[medʒʲa lipat]
hublot (m)	jendela pesawat	[dʒʲendela pesawat]
couloir (m)	lorong	[loroŋ]

106. Le train

train (m)	kereta api	[kereta api]
train (m) de banlieue	kereta api listrik	[kereta api listri']
TGV (m)	kereta api cepat	[kereta api tʃepat]
locomotive (f) diesel	lokomotif diesel	[lokomotif disel]
locomotive (f) à vapeur	lokomotif uap	[lokomotif uap]
wagon (m)	gerbong penumpang	[gerboŋ penumpaŋ]
wagon-restaurant (m)	gerbong makan	[gerboŋ makan]
rails (m pl)	rel	[rel]
chemin (m) de fer	rel kereta api	[rel kereta api]
traverse (f)	bantalan rel	[bantalan rel]
quai (m)	platform	[platform]
voie (f)	jalur	[dʒʲalur]
sémaphore (m)	semafor	[semafor]
station (f)	stasiun	[stasiun]
conducteur (m) de train	masinis	[masinis]
porteur (m)	porter	[porter]
steward (m)	kondektur	[kondektur]
passager (m)	penumpang	[penumpaŋ]
contrôleur (m) de billets	kondektur	[kondektur]
couloir (m)	koridor	[koridor]
frein (m) d'urgence	rem darurat	[rem darurat]
compartiment (m)	kabin	[kabin]
couchette (f)	bangku	[baŋku]
couchette (f) d'en haut	bangku atas	[baŋku atas]
couchette (f) d'en bas	bangku bawah	[baŋku bawah]
linge (m) de lit	kain kasur	[kain kasur]
ticket (m)	tiket	[tiket]
horaire (m)	jadwal	[dʒʲadwal]
tableau (m) d'informations	layar informasi	[lajar informasi]
partir (vi)	berangkat	[beraŋkat]
départ (m) (du train)	keberangkatan	[keberaŋkatan]
arriver (le train)	datang	[dataŋ]
arrivée (f)	kedatangan	[kedataŋan]
arriver en train	datang naik kereta api	[dataŋ naj' kereta api]
prendre le train	naik ke kereta	[nai' ke kereta]
descendre du train	turun dari kereta	[turun dari kereta]
accident (m) ferroviaire	kecelakaan kereta	[ketʃelaka'an kereta]
dérailler (vi)	keluar rel	[keluar rel]
locomotive (f) à vapeur	lokomotif uap	[lokomotif uap]
chauffeur (m)	juru api	[dʒʲuru api]
chauffe (f)	tungku	[tuŋku]
charbon (m)	batu bara	[batu bara]

107. Le bateau

bateau (m)	kapal	[kapal]
navire (m)	kapal	[kapal]
bateau (m) à vapeur	kapal uap	[kapal uap]
paquebot (m)	kapal api	[kapal api]
bateau (m) de croisière	kapal laut	[kapal laut]
croiseur (m)	kapal penjelajah	[kapal pendʒˈeladʒˈah]
yacht (m)	perahu pesiar	[perahu pesiar]
remorqueur (m)	kapal tunda	[kapal tunda]
péniche (f)	tongkang	[toŋkaŋ]
ferry (m)	feri	[feri]
voilier (m)	kapal layar	[kapal lajar]
brigantin (m)	kapal brigantin	[kapal brigantin]
brise-glace (m)	kapal pemecah es	[kapal pemetʃah es]
sous-marin (m)	kapal selam	[kapal selam]
canot (m) à rames	perahu	[perahu]
dinghy (m)	sekoci	[sekotʃi]
canot (m) de sauvetage	sekoci penyelamat	[sekotʃi penjelamat]
canot (m) à moteur	perahu motor	[perahu motor]
capitaine (m)	kapten	[kapten]
matelot (m)	kelasi	[kelasi]
marin (m)	pelaut	[pelaut]
équipage (m)	awak	[awaʔ]
maître (m) d'équipage	bosman, bosun	[bosman], [bosun]
mousse (m)	kadet laut	[kadet laut]
cuisinier (m) du bord	koki	[koki]
médecin (m) de bord	dokter kapal	[dokter kapal]
pont (m)	dek	[deʔ]
mât (m)	tiang	[tiaŋ]
voile (f)	layar	[lajar]
cale (f)	lambung kapal	[lambuŋ kapal]
proue (f)	haluan	[haluan]
poupe (f)	buritan	[buritan]
rame (f)	dayung	[dajuŋ]
hélice (f)	baling-baling	[baliŋ-baliŋ]
cabine (f)	kabin	[kabin]
carré (m) des officiers	ruang rekreasi	[ruaŋ rekreasi]
salle (f) des machines	ruang mesin	[ruaŋ mesin]
passerelle (f)	anjungan kapal	[andʒˈuŋan kapal]
cabine (f) de T.S.F.	ruang radio	[ruaŋ radio]
onde (f)	gelombang radio	[gelombaŋ radio]
journal (m) de bord	buku harian kapal	[buku harian kapal]
longue-vue (f)	teropong	[teropoŋ]
cloche (f)	lonceng	[lontʃeŋ]

pavillon (m)	bendera	[bendera]
grosse corde (f) tressée	tali	[tali]
nœud (m) marin	simpul	[simpul]
rampe (f)	pegangan	[peganan]
passerelle (f)	tangga kapal	[tanga kapal]
ancre (f)	jangkar	[dʒʲaŋkar]
lever l'ancre	mengangkat jangkar	[mənaŋkat dʒʲaŋkar]
jeter l'ancre	menjatuhkan jangkar	[məndʒʲatuhkan dʒʲaŋkar]
chaîne (f) d'ancrage	rantai jangkar	[rantaj dʒʲaŋkar]
port (m)	pelabuhan	[pelabuhan]
embarcadère (m)	dermaga	[dermaga]
accoster (vi)	merapat	[merapat]
larguer les amarres	bertolak	[bərtolaʔ]
voyage (m) (à l'étranger)	pengembaraan	[peɲembaraʔan]
croisière (f)	pesiar	[pesiar]
cap (m) (suivre un ~)	haluan	[haluan]
itinéraire (m)	rute	[rute]
bas-fond (m)	beting	[betiŋ]
échouer sur un bas-fond	kandas	[kandas]
tempête (f)	badai	[badaj]
signal (m)	sinyal	[sinjal]
sombrer (vi)	tenggelam	[teŋgelam]
Un homme à la mer!	Orang hanyut!	[oraŋ hanyut!]
SOS (m)	SOS	[es-o-es]
bouée (f) de sauvetage	pelampung penyelamat	[pelampuŋ penjelamat]

108. L'aéroport

aéroport (m)	bandara	[bandara]
avion (m)	pesawat terbang	[pesawat tərbaŋ]
compagnie (f) aérienne	maskapai penerbangan	[maskapaj penerbaŋan]
contrôleur (m) aérien	pengawas lalu lintas udara	[peɲawas lalu lintas udara]
départ (m)	keberangkatan	[keberaŋkatan]
arrivée (f)	kedatangan	[kedataŋan]
arriver (par avion)	datang	[dataŋ]
temps (m) de départ	waktu keberangkatan	[waktu keberaŋkatan]
temps (m) d'arrivée	waktu kedatangan	[waktu kedataŋan]
être retardé	terlambat	[tərlambat]
retard (m) de l'avion	penundaan penerbangan	[penundaʔan penerbaŋan]
tableau (m) d'informations	papan informasi	[papan informasi]
information (f)	informasi	[informasi]
annoncer (vt)	mengumumkan	[məŋumumkan]
vol (m)	penerbangan	[penerbaŋan]
douane (f)	pabean	[pabean]

douanier (m)	petugas pabean	[petugas pabean]
déclaration (f) de douane	pernyataan pabean	[pərnjata'an pabean]
remplir (vt)	mengisi	[mənisi]
remplir la déclaration	mengisi formulir bea cukai	[mənisi formulir bea tʃukaj]
contrôle (m) de passeport	pemeriksaan paspor	[pemeriksa'an paspor]
bagage (m)	bagasi	[bagasi]
bagage (m) à main	jinjingan	[dʒindʒiŋan]
chariot (m)	troli bagasi	[troli bagasi]
atterrissage (m)	pendaratan	[pendaratan]
piste (f) d'atterrissage	jalur pendaratan	[dʒˈalur pendaratan]
atterrir (vi)	mendarat	[məndarat]
escalier (m) d'avion	tangga pesawat	[taŋga pesawat]
enregistrement (m)	check-in	[tʃekin]
comptoir (m) d'enregistrement	meja check-in	[medʒˈa tʃekin]
s'enregistrer (vp)	check-in	[tʃekin]
carte (f) d'embarquement	kartu pas	[kartu pas]
porte (f) d'embarquement	gerbang keberangkatan	[gerbaŋ keberaŋkatan]
transit (m)	transit	[transit]
attendre (vt)	menunggu	[mənuŋgu]
salle (f) d'attente	ruang tunggu	[ruaŋ tuŋgu]
raccompagner (à l'aéroport, etc.)	mengantar	[məŋantar]
dire au revoir	berpamitan	[bərpamitan]

Les grands événements de la vie

109. Les fêtes et les événements

fête (f)	perayaan	[pəraja'an]
fête (f) nationale	hari besar nasional	[hari besar nasional]
jour (m) férié	hari libur	[hari libur]
fêter (vt)	merayakan	[merajakan]
événement (m) (~ du jour)	peristiwa, kejadian	[pəristiwa], [kedʒ'adian]
événement (m) (soirée, etc.)	acara	[atʃara]
banquet (m)	banket	[banket]
réception (f)	resepsi	[resepsi]
festin (m)	pesta	[pesta]
anniversaire (m)	hari jadi, HUT	[hari dʒ'adi], [ha-u-te]
jubilé (m)	yubileum	[yubileum]
célébrer (vt)	merayakan	[merajakan]
Nouvel An (m)	Tahun Baru	[tahun baru]
Bonne année!	Selamat Tahun Baru!	[selamat tahun baru!]
Père Noël (m)	Sinterklas	[sinterklas]
Noël (m)	Natal	[natal]
Joyeux Noël!	Selamat Hari Natal!	[selamat hari natal!]
arbre (m) de Noël	pohon Natal	[pohon natal]
feux (m pl) d'artifice	kembang api	[kembaŋ api]
mariage (m)	pernikahan	[pərnikahan]
fiancé (m)	mempelai lelaki	[mempelaj lelaki]
fiancée (f)	mempelai perempuan	[mempelaj pərempuan]
inviter (vt)	mengundang	[mənundaŋ]
lettre (f) d'invitation	kartu undangan	[kartu undaŋan]
invité (m)	tamu	[tamu]
visiter (~ les amis)	mengunjungi	[mənundʒ'uɲi]
accueillir les invités	menyambut tamu	[mənjambut tamu]
cadeau (m)	hadiah	[hadiah]
offrir (un cadeau)	memberi	[memberi]
recevoir des cadeaux	menerima hadiah	[mənerima hadiah]
bouquet (m)	buket	[buket]
félicitations (f pl)	ucapan selamat	[utʃapan selamat]
féliciter (vt)	mengucapkan selamat	[mənutʃapkan selamat]
carte (f) de veux	kartu ucapan selamat	[kartu utʃapan selamat]
envoyer une carte	mengirim kartu pos	[məɲirim kartu pos]
recevoir une carte	menerima kartu pos	[mənerima kartu pos]

toast (m)	toas	[toas]
offrir (un verre, etc.)	menawari	[mənawari]
champagne (m)	sampanye	[sampanje]
s'amuser (vp)	bersukaria	[bərsukaria]
gaieté (f)	keriangan, kegembiraan	[kerianan], [kegembira'an]
joie (f) (émotion)	kegembiraan	[kegembira'an]
danse (f)	dansa, tari	[dansa], [tari]
danser (vi, vt)	berdansa, menari	[bərdansa], [menari]
valse (f)	wals	[wals]
tango (m)	tango	[taŋo]

110. L'enterrement. Le deuil

cimetière (m)	pemakaman	[pemakaman]
tombe (f)	makam	[makam]
croix (f)	salib	[salib]
pierre (f) tombale	batu nisan	[batu nisan]
clôture (f)	pagar	[pagar]
chapelle (f)	kapel	[kapel]
mort (f)	kematian	[kematian]
mourir (vi)	mati, meninggal	[mati], [meninggal]
défunt (m)	almarhum	[almarhum]
deuil (m)	perkabungan	[pərkabuŋan]
enterrer (vt)	memakamkan	[memakamkan]
maison (f) funéraire	rumah duka	[rumah duka]
enterrement (m)	pemakaman	[pemakaman]
couronne (f)	karangan bunga	[karaŋan buŋa]
cercueil (m)	keranda	[keranda]
corbillard (m)	mobil jenazah	[mobil dʒʲenazah]
linceul (m)	kain kafan	[kain kafan]
cortège (m) funèbre	prosesi pemakaman	[prosesi pemakaman]
urne (f) funéraire	guci abu jenazah	[gutʃi abu dʒʲenazah]
crématoire (m)	krematorium	[krematorium]
nécrologue (m)	obituarium	[obituarium]
pleurer (vi)	menangis	[mənaŋis]
sangloter (vi)	meratap	[meratap]

111. La guerre. Les soldats

section (f)	peleton	[peleton]
compagnie (f)	kompi	[kompi]
régiment (m)	resimen	[resimen]
armée (f)	tentara	[tentara]
division (f)	divisi	[divisi]

détachement (m)	pasukan	[pasukan]
armée (f) (Moyen Âge)	tentara	[tentara]
soldat (m) (un militaire)	tentara, serdadu	[tentara], [serdadu]
officier (m)	perwira	[pərwira]
soldat (m) (grade)	prajurit	[pradʒʲurit]
sergent (m)	sersan	[sersan]
lieutenant (m)	letnan	[letnan]
capitaine (m)	kapten	[kapten]
commandant (m)	mayor	[major]
colonel (m)	kolonel	[kolonel]
général (m)	jenderal	[dʒʲenderal]
marin (m)	pelaut	[pelaut]
capitaine (m)	kapten	[kapten]
maître (m) d'équipage	bosman, bosun	[bosman], [bosun]
artilleur (m)	tentara artileri	[tentara artileri]
parachutiste (m)	pasukan penerjun	[pasukan penerdʒʲun]
pilote (m)	pilot	[pilot]
navigateur (m)	navigator, penavigasi	[navigator], [penavigasi]
mécanicien (m)	mekanik	[mekaniʔ]
démineur (m)	pencari ranjau	[pentʃari randʒʲau]
parachutiste (m)	parasutis	[parasutis]
éclaireur (m)	pengintai	[peŋintaj]
tireur (m) d'élite	penembak jitu	[penembaʔ dʒitu]
patrouille (f)	patroli	[patroli]
patrouiller (vi)	berpatroli	[bərpatroli]
sentinelle (f)	pengawal	[peŋawal]
guerrier (m)	prajurit	[pradʒʲurit]
héros (m)	pahlawan	[pahlawan]
héroïne (f)	pahlawan wanita	[pahlawan wanita]
patriote (m)	patriot	[patriot]
traître (m)	pengkhianat	[peŋhianat]
trahir (vt)	mengkhianati	[məŋhianati]
déserteur (m)	desertir	[desertir]
déserter (vt)	melakukan desersi	[melakukan desersi]
mercenaire (m)	tentara bayaran	[tentara bajaran]
recrue (f)	rekrut, calon tentara	[rekrut], [tʃalon tentara]
volontaire (m)	sukarelawan	[sukarelawan]
mort (m)	korban meninggal	[korban meniŋgal]
blessé (m)	korban luka	[korban luka]
prisonnier (m) de guerre	tawanan perang	[tawanan pəraŋ]

112. La guerre. Partie 1

guerre (f)	perang	[peraŋ]
faire la guerre	berperang	[bərperaŋ]

guerre (f) civile	perang saudara	[pəraŋ saudara]
perfidement (adv)	secara curang	[setʃara tʃuraŋ]
déclaration (f) de guerre	pernyataan perang	[pərnjataʔan pəraŋ]
déclarer (la guerre)	menyatakan perang	[mənjatakan pəraŋ]
agression (f)	agresi	[agresi]
attaquer (~ un pays)	menyerang	[mənjeraŋ]
envahir (vt)	menduduki	[mənduduki]
envahisseur (m)	penduduk	[pendudu']
conquérant (m)	penakluk	[penaklu']
défense (f)	pertahanan	[pərtahanan]
défendre (vt)	mempertahankan	[mempertahankan]
se défendre (vp)	bertahan ...	[bərtahan ...]
ennemi (m)	musuh	[musuh]
adversaire (m)	lawan	[lawan]
ennemi (adj) (territoire ~)	musuh	[musuh]
stratégie (f)	strategi	[strategi]
tactique (f)	taktik	[taktiʔ]
ordre (m)	perintah	[pərintah]
commande (f)	perintah	[pərintah]
ordonner (vt)	memerintahkan	[memerintahkan]
mission (f)	tugas	[tugas]
secret (adj)	rahasia	[rahasia]
bataille (f)	pertempuran	[pərtempuran]
combat (m)	pertempuran	[pərtempuran]
attaque (f)	serangan	[seraŋan]
assaut (m)	serbuan	[serbuan]
prendre d'assaut	menyerbu	[mənjerbu]
siège (m)	kepungan	[kepuŋan]
offensive (f)	serangan	[seraŋan]
passer à l'offensive	menyerang	[mənjeraŋ]
retraite (f)	pengunduran	[peŋunduran]
faire retraite	mundur	[mundur]
encerclement (m)	pengepungan	[peŋepuŋan]
encercler (vt)	mengepung	[məŋepuŋ]
bombardement (m)	pengeboman	[peŋeboman]
lancer une bombe	menjatuhkan bom	[məndʒatuhkan bom]
bombarder (vt)	mengebom	[məŋebom]
explosion (f)	ledakan	[ledakan]
coup (m) de feu	tembakan	[tembakan]
tirer un coup de feu	melepaskan	[melepaskan]
fusillade (f)	penembakan	[penembakan]
viser ... (cible)	membidik	[membidiʔ]
pointer (sur ...)	mengarahkan	[məŋarahkan]

atteindre (cible)	mengenai	[məŋenaj]
faire sombrer	menenggelamkan	[mənəŋgelamkan]
trou (m) (dans un bateau)	lubang	[lubaŋ]
sombrer (navire)	karam	[karam]
front (m)	garis depan	[garis depan]
évacuation (f)	evakuasi	[evakuasi]
évacuer (vt)	mengevakuasi	[məŋevakuasi]
tranchée (f)	parit perlindungan	[parit pərlinduŋan]
barbelés (m pl)	kawat berduri	[kawat bərduri]
barrage (m) (~ antichar)	rintangan	[rintaŋan]
tour (f) de guet	menara	[mənara]
hôpital (m)	rumah sakit militer	[rumah sakit militer]
blesser (vt)	melukai	[melukaj]
blessure (f)	luka	[luka]
blessé (m)	korban luka	[korban luka]
être blessé	terluka	[tərluka]
grave (blessure)	parah	[parah]

113. La guerre. Partie 2

captivité (f)	tawanan	[tawanan]
captiver (vt)	menawan	[mənawan]
être prisonnier	ditawan	[ditawan]
être fait prisonnier	tertawan	[tərtawan]
camp (m) de concentration	kamp konsentrasi	[kamp konsentrasi]
prisonnier (m) de guerre	tawanan perang	[tawanan pəraŋ]
s'enfuir (vp)	melarikan diri	[melarikan diri]
trahir (vt)	mengkhianati	[məŋhianati]
traître (m)	pengkhianat	[peŋhianat]
trahison (f)	pengkhianatan	[peŋhianatan]
fusiller (vt)	mengeksekusi	[məŋeksekusi]
fusillade (f) (exécution)	eksekusi	[eksekusi]
équipement (m) (uniforme, etc.)	perlengkapan	[pərleŋkapan]
épaulette (f)	epolet	[epolet]
masque (m) à gaz	masker gas	[masker gas]
émetteur (m) radio	pemancar radio	[pemantʃar radio]
chiffre (m) (code)	kode	[kode]
conspiration (f)	kerahasiaan	[kerahasiaʔan]
mot (m) de passe	kata sandi	[kata sandi]
mine (f) terrestre	ranjau darat	[randʒʲau darat]
miner (poser des mines)	memasang ranjau	[memasaŋ randʒʲau]
champ (m) de mines	padang yang dipenuhi ranjau	[padaŋ yaŋ dipenuhi randʒʲau]
alerte (f) aérienne	peringatan serangan udara	[pəriŋatan seraŋan udara]

signal (m) d'alarme	alarm serangan udara	[alarm seraŋan udara]
signal (m)	sinyal	[sinjal]
fusée signal (f)	roket sinyal	[roket sinjal]
état-major (m)	markas	[markas]
reconnaissance (f)	pengintaian	[peŋintajan]
situation (f)	keadaan	[keada'an]
rapport (m)	laporan	[laporan]
embuscade (f)	penyergapan	[penjergapan]
renfort (m)	bala bantuan	[bala bantuan]
cible (f)	sasaran	[sasaran]
polygone (m)	lapangan tembak	[lapaŋan temba']
manœuvres (f pl)	latihan perang	[latihan pəraŋ]
panique (f)	panik	[pani']
dévastation (f)	pengrusakan	[peŋrusakan]
destructions (f pl) (ruines)	penghancuran	[peŋhantʃuran]
détruire (vt)	menghancurkan	[məŋhantʃurkan]
survivre (vi)	menyintas	[mənjintas]
désarmer (vt)	melucuti	[melutʃuti]
manier (une arme)	mengendalikan	[məŋendalikan]
Garde-à-vous! Fixe!	Siap!	[siap!]
Repos!	Istirahat di tempat!	[istirahat di tempat!]
exploit (m)	keberanian	[keberanian]
serment (m)	sumpah	[sumpah]
jurer (de faire qch)	bersumpah	[bərsumpah]
décoration (f)	anugerah	[anugerah]
décorer (de la médaille)	menganugerahi	[məŋanugerahi]
médaille (f)	medali	[medali]
ordre (m) (~ du Mérite)	bintang kehormatan	[bintaŋ kehormatan]
victoire (f)	kemenangan	[kemenaŋan]
défaite (f)	kekalahan	[kekalahan]
armistice (m)	gencatan senjata	[gentʃatan sendʒ'ata]
drapeau (m)	bendera	[bendera]
gloire (f)	kehormatan	[kehormatan]
défilé (m)	parade	[parade]
marcher (défiler)	berbaris	[bərbaris]

114. Les armes

arme (f)	senjata	[sendʒ'ata]
armes (f pl) à feu	senjata api	[sendʒ'ata api]
armes (f pl) blanches	sejata tajam	[sedʒ'ata tadʒ'am]
arme (f) chimique	senjata kimia	[sendʒ'ata kimia]
nucléaire (adj)	nuklir	[nuklir]
arme (f) nucléaire	senjata nuklir	[sendʒ'ata nuklir]

bombe (f)	bom	[bom]
bombe (f) atomique	bom atom	[bom atom]

pistolet (m)	pistol	[pistol]
fusil (m)	senapan	[senapan]
mitraillette (f)	senapan otomatis	[senapan otomatis]
mitrailleuse (f)	senapan mesin	[senapan mesin]

bouche (f)	moncong	[montʃoŋ]
canon (m)	laras	[laras]
calibre (m)	kaliber	[kaliber]

gâchette (f)	pelatuk	[pelatuʔ]
mire (f)	pembidik	[pembidiʔ]
magasin (m)	magasin	[magasin]
crosse (f)	pantat senapan	[pantat senapan]

grenade (f) à main	granat tangan	[granat taŋan]
explosif (m)	bahan peledak	[bahan peledaʔ]

balle (f)	peluru	[peluru]
cartouche (f)	patrun	[patrun]
charge (f)	isian	[isian]
munitions (f pl)	amunisi	[amunisi]

bombardier (m)	pesawat pengebom	[pesawat peŋebom]
avion (m) de chasse	pesawat pemburu	[pesawat pemburu]
hélicoptère (m)	helikopter	[helikopter]

pièce (f) de D.C.A.	meriam penangkis serangan udara	[meriam penaŋkis seraŋan udara]
char (m)	tank	[tanʔ]
canon (m) d'un char	meriam tank	[meriam tanʔ]

artillerie (f)	artileri	[artileri]
canon (m)	meriam	[meriam]
pointer (~ l'arme)	mengarahkan	[məŋarahkan]

obus (m)	peluru	[peluru]
obus (m) de mortier	peluru mortir	[peluru mortir]
mortier (m)	mortir	[mortir]
éclat (m) d'obus	serpihan	[serpihan]

sous-marin (m)	kapal selam	[kapal selam]
torpille (f)	torpedo	[torpedo]
missile (m)	rudal	[rudal]

charger (arme)	mengisi	[məŋisi]
tirer (vi)	menembak	[mənembaʔ]
viser ... (cible)	membidik	[membidiʔ]
baïonnette (f)	bayonet	[bajonet]

épée (f)	pedang rapier	[pedaŋ rapier]
sabre (m)	pedang saber	[pedaŋ saber]
lance (f)	lembing	[lembiŋ]
arc (m)	busur panah	[busur panah]

flèche (f)	anak panah	[anaʔ panah]
mousquet (m)	senapan lantak	[senapan lantaʔ]
arbalète (f)	busur silang	[busur silaŋ]

115. Les hommes préhistoriques

primitif (adj)	primitif	[primitif]
préhistorique (adj)	prasejarah	[prasedʒ'arah]
ancien (adj)	kuno	[kuno]
Âge (m) de pierre	Zaman Batu	[zaman batu]
Âge (m) de bronze	Zaman Perunggu	[zaman pəruŋgu]
période (f) glaciaire	Zaman Es	[zaman es]
tribu (f)	suku	[suku]
cannibale (m)	kanibal	[kanibal]
chasseur (m)	pemburu	[pemburu]
chasser (vi, vt)	berburu	[bərburu]
mammouth (m)	mamut	[mamut]
caverne (f)	gua	[gua]
feu (m)	api	[api]
feu (m) de bois	api unggun	[api uŋgun]
dessin (m) rupestre	lukisan gua	[lukisan gua]
outil (m)	alat kerja	[alat kerdʒ'a]
lance (f)	tombak	[tombaʔ]
hache (f) en pierre	kapak batu	[kapaʔ batu]
faire la guerre	berperang	[bərperaŋ]
domestiquer (vt)	menjinakkan	[məndʒina'kan]
idole (f)	berhala	[bərhala]
adorer, vénérer (vt)	memuja	[memudʒ'a]
superstition (f)	takhayul	[tahajul]
rite (m)	upacara	[upatʃara]
évolution (f)	evolusi	[evolusi]
développement (m)	perkembangan	[pərkembaŋan]
disparition (f)	kehilangan	[kehilaŋan]
s'adapter (vp)	menyesuaikan diri	[mənjesuajkan diri]
archéologie (f)	arkeologi	[arkeologi]
archéologue (m)	arkeolog	[arkeolog]
archéologique (adj)	arkeologis	[arkeologis]
site (m) d'excavation	situs ekskavasi	[situs ekskavasi]
fouilles (f pl)	ekskavasi	[ekskavasi]
trouvaille (f)	penemuan	[penemuan]
fragment (m)	fragmen	[fragmen]

116. Le Moyen Âge

peuple (m)	rakyat	[rakjat]
peuples (m pl)	bangsa-bangsa	[baŋsa-baŋsa]

tribu (f)	suku	[suku]
tribus (f pl)	suku-suku	[suku-suku]

Barbares (m pl)	kaum barbar	[kaum barbar]
Gaulois (m pl)	kaum Gaul	[kaum gaul]
Goths (m pl)	kaum Goth	[kaum got]
Slaves (m pl)	kaum Slavia	[kaum slavia]
Vikings (m pl)	kaum Viking	[kaum vikiŋ]

Romains (m pl)	kaum Roma	[kaum roma]
romain (adj)	Romawi	[romawi]

byzantins (m pl)	kaum Byzantium	[kaum bizantium]
Byzance (f)	Byzantium	[bizantium]
byzantin (adj)	Byzantium	[bizantium]

empereur (m)	kaisar	[kajsar]
chef (m)	pemimpin	[pemimpin]
puissant (adj)	adikuasa, berkuasa	[adikuasa], [bərkuasa]
roi (m)	raja	[radʒʲa]
gouverneur (m)	penguasa	[peŋuasa]

chevalier (m)	ksatria	[ksatria]
féodal (m)	tuan	[tuan]
féodal (adj)	feodal	[feodal]
vassal (m)	vasal	[vasal]

duc (m)	duke	[duke]
comte (m)	earl	[earl]
baron (m)	baron	[baron]
évêque (m)	uskup	[uskup]

armure (f)	baju besi	[badʒʲu besi]
bouclier (m)	perisai	[pərisaj]
glaive (m)	pedang	[pedaŋ]
visière (f)	visor, topeng besi	[visor], [topeŋ besi]
cotte (f) de mailles	baju zirah	[badʒʲu zirah]

croisade (f)	Perang Salib	[pəraŋ salib]
croisé (m)	kaum salib	[kaum salib]

territoire (m)	wilayah	[wilajah]
attaquer (~ un pays)	menyerang	[məɲəraŋ]
conquérir (vt)	menaklukkan	[mənakluʔkan]
occuper (envahir)	menduduki	[mənduduki]

siège (m)	kepungan	[kepuŋan]
assiégé (adj)	terkepung	[tərkepuŋ]
assiéger (vt)	mengepung	[məŋepuŋ]

inquisition (f)	inkuisisi	[inkuisisi]
inquisiteur (m)	inkuisitor	[inkuisitor]
torture (f)	siksaan	[siksaʔan]
cruel (adj)	kejam	[kedʒʲam]
hérétique (m)	penganut bidah	[peŋanut bidah]
hérésie (f)	bidah	[bidah]

navigation (f) en mer	pelayaran laut	[pelajaran laut]
pirate (m)	bajak laut	[badʒiaʔ laut]
piraterie (f)	pembajakan	[pembadʒiakan]
abordage (m)	serangan terhadap kapal dari dekat	[seraŋan terhadap kapal dari dekat]
butin (m)	rampasan	[rampasan]
trésor (m)	harta karun	[harta karun]
découverte (f)	penemuan	[penemuan]
découvrir (vt)	menemukan	[menemukan]
expédition (f)	ekspedisi	[ekspedisi]
mousquetaire (m)	musketir	[musketir]
cardinal (m)	kardinal	[kardinal]
héraldique (f)	heraldik	[heraldiʔ]
héraldique (adj)	heraldik	[heraldiʔ]

117. Les dirigeants. Les responsables. Les autorités

roi (m)	raja	[radʒia]
reine (f)	ratu	[ratu]
royal (adj)	kerajaan, raja	[keradʒiaʔan], [radʒia]
royaume (m)	kerajaan	[keradʒiaʔan]
prince (m)	pangeran	[paŋeran]
princesse (f)	putri	[putri]
président (m)	presiden	[presiden]
vice-président (m)	wakil presiden	[wakil presiden]
sénateur (m)	senator	[senator]
monarque (m)	monark	[monarʔ]
gouverneur (m)	penguasa	[peŋuasa]
dictateur (m)	diktator	[diktator]
tyran (m)	tiran	[tiran]
magnat (m)	magnat	[magnat]
directeur (m)	direktur	[direktur]
chef (m)	atasan	[atasan]
gérant (m)	manajer	[manadʒier]
boss (m)	bos	[bos]
patron (m)	pemilik	[pemiliʔ]
leader (m)	pemimpin	[pemimpin]
chef (m) (~ d'une délégation)	kepala	[kepala]
autorités (f pl)	pihak berwenang	[pihaʔ berwenaŋ]
supérieurs (m pl)	atasan	[atasan]
gouverneur (m)	gabernur	[gabernur]
consul (m)	konsul	[konsul]
diplomate (m)	diplomat	[diplomat]
maire (m)	walikota	[walikota]
shérif (m)	sheriff	[ʃeriff]
empereur (m)	kaisar	[kajsar]

tsar (m)	tsar, raja	[tsar], [radʒʲa]
pharaon (m)	firaun	[firaun]
khan (m)	khan	[han]

118. Les crimes. Les criminels. Partie 1

bandit (m)	bandit	[bandit]
crime (m)	kejahatan	[kedʒʲahatan]
criminel (m)	penjahat	[pendʒʲahat]
voleur (m)	pencuri	[pentʃuri]
voler (qch à qn)	mencuri	[məntʃuri]
vol (m)	pencurian	[pentʃurian]
kidnapper (vt)	menculik	[məntʃuliʔ]
kidnapping (m)	penculikan	[pentʃulikan]
kidnappeur (m)	penculik	[pentʃuliʔ]
rançon (f)	uang tebusan	[uaŋ tebusan]
exiger une rançon	menuntut uang tebusan	[mənuntut uaŋ tebusan]
cambrioler (vt)	merampok	[merampoʔ]
cambriolage (m)	perampokan	[pərampokan]
cambrioleur (m)	perampok	[pərampoʔ]
extorquer (vt)	memeras	[memeras]
extorqueur (m)	pemeras	[pemeras]
extorsion (f)	pemerasan	[pemerasan]
tuer (vt)	membunuh	[membunuh]
meurtre (m)	pembunuhan	[pembunuhan]
meurtrier (m)	pembunuh	[pembunuh]
coup (m) de feu	tembakan	[tembakan]
tirer un coup de feu	melepaskan	[melepaskan]
abattre (par balle)	menembak mati	[mənembaʔ mati]
tirer (vi)	menembak	[mənembaʔ]
coups (m pl) de feu	penembakan	[penembakan]
incident (m)	insiden, kejadian	[insiden], [kedʒʲadian]
bagarre (f)	perkelahian	[pərkelahian]
Au secours!	Tolong!	[toloŋ!]
victime (f)	korban	[korban]
endommager (vt)	merusak	[merusaʔ]
dommage (m)	kerusakan	[kerusakan]
cadavre (m)	jenazah, mayat	[dʒʲenazah], [majat]
grave (~ crime)	berat	[berat]
attaquer (vt)	menyerang	[mənjeraŋ]
battre (frapper)	memukul	[memukul]
passer à tabac	memukuli	[memukuli]
prendre (voler)	merebut	[merebut]
poignarder (vt)	menikam mati	[mənikam mati]

mutiler (vt)	mencederai	[mənt∫ederaj]
blesser (vt)	melukai	[melukaj]
chantage (m)	pemerasan	[pemerasan]
faire chanter	memeras	[memeras]
maître (m) chanteur	pemeras	[pemeras]
racket (m) de protection	pemerasan	[pemerasan]
racketteur (m)	pemeras	[pemeras]
gangster (m)	gangster, preman	[gaŋster], [preman]
mafia (f)	mafia	[mafia]
pickpocket (m)	pencopet	[pent∫opet]
cambrioleur (m)	perampok	[pərampoʔ]
contrebande (f) (trafic)	penyelundupan	[penjelundupan]
contrebandier (m)	penyelundup	[penjelundup]
contrefaçon (f)	pemalsuan	[pemalsuan]
falsifier (vt)	memalsukan	[memalsukan]
faux (falsifié)	palsu	[palsu]

119. Les crimes. Les criminels. Partie 2

viol (m)	pemerkosaan	[pemerkosaʔan]
violer (vt)	memerkosa	[memerkosa]
violeur (m)	pemerkosa	[pemerkosa]
maniaque (m)	maniak	[maniaʔ]
prostituée (f)	pelacur	[pelat∫ur]
prostitution (f)	pelacuran	[pelat∫uran]
souteneur (m)	germo	[germo]
drogué (m)	pecandu narkoba	[pet∫andu narkoba]
trafiquant (m) de drogue	pengedar narkoba	[peŋedar narkoba]
faire exploser	meledakkan	[meledaʔkan]
explosion (f)	ledakan	[ledakan]
mettre feu	membakar	[membakar]
incendiaire (m)	pelaku pembakaran	[pelaku pembakaran]
terrorisme (m)	terorisme	[tərorisme]
terroriste (m)	teroris	[təroris]
otage (m)	sandera	[sandera]
escroquer (vt)	menipu	[mənipu]
escroquerie (f)	penipuan	[penipuan]
escroc (m)	penipu	[penipu]
soudoyer (vt)	menyuap	[mənyuap]
corruption (f)	penyuapan	[penyuapan]
pot-de-vin (m)	uang suap, suapan	[uaŋ suap], [suapan]
poison (m)	racun	[rat∫un]
empoisonner (vt)	meracuni	[merat∫uni]

s'empoisonner (vp)	meracuni diri sendiri	[meratʃuni diri sendiri]
suicide (m)	bunuh diri	[bunuh diri]
suicidé (m)	pelaku bunuh diri	[pelaku bunuh diri]
menacer (vt)	mengancam	[məŋantʃam]
menace (f)	ancaman	[antʃaman]
attenter (vt)	melakukan percobaan pembunuhan	[melakukan pərtʃobaʔan pembunuhan]
attentat (m)	percobaan pembunuhan	[pərtʃobaʔan pembunuhan]
voler (un auto)	mencuri	[məntʃuri]
détourner (un avion)	membajak	[membadʒʲaʔ]
vengeance (f)	dendam	[dendam]
se venger (vp)	membalas dendam	[membalas dendam]
torturer (vt)	menyiksa	[mənjiksa]
torture (f)	siksaan	[siksaʔan]
tourmenter (vt)	menyiksa	[mənjiksa]
pirate (m)	bajak laut	[badʒʲaʔ laut]
voyou (m)	berandal	[bərandal]
armé (adj)	bersenjata	[bərsendʒʲata]
violence (f)	kekerasan	[kekerasan]
illégal (adj)	ilegal	[ilegal]
espionnage (m)	spionase	[spionase]
espionner (vt)	memata-matai	[memata-mataj]

120. La police. La justice. Partie 1

justice (f)	keadilan	[keadilan]
tribunal (m)	pengadilan	[peŋadilan]
juge (m)	hakim	[hakim]
jury (m)	anggota juri	[aŋgota dʒʲuri]
cour (f) d'assises	pengadilan juri	[peŋadilan dʒʲuri]
juger (vt)	mengadili	[məŋadili]
avocat (m)	advokat, pengacara	[advokat], [peŋatʃara]
accusé (m)	terdakwa	[tərdakwa]
banc (m) des accusés	bangku terdakwa	[baŋku tərdakwa]
inculpation (f)	tuduhan	[tuduhan]
inculpé (m)	terdakwa	[tərdakwa]
condamnation (f)	hukuman	[hukuman]
condamner (vt)	menjatuhkan hukuman	[məndʒʲatuhkan hukuman]
coupable (m)	bersalah	[bərsalah]
punir (vt)	menghukum	[məŋhukum]
punition (f)	hukuman	[hukuman]
amende (f)	denda	[denda]
détention (f) à vie	penjara seumur hidup	[pendʒʲara seumur hidup]

peine (f) de mort	hukuman mati	[hukuman mati]
chaise (f) électrique	kursi listrik	[kursi listriʔ]
potence (f)	tiang gantungan	[tiaŋ gantuŋan]
exécuter (vt)	menjalankan hukuman mati	[məndʒʲalankan hukuman mati]
exécution (f)	hukuman mati	[hukuman mati]
prison (f)	penjara	[pendʒʲara]
cellule (f)	sel	[sel]
escorte (f)	pengawal	[peŋawal]
gardien (m) de prison	sipir, penjaga penjara	[sipir], [pendʒʲaga pendʒʲara]
prisonnier (m)	tahanan	[tahanan]
menottes (f pl)	borgol	[borgol]
mettre les menottes	memborgol	[memborgol]
évasion (f)	pelarian	[pelarian]
s'évader (vp)	melarikan diri	[melarikan diri]
disparaître (vi)	menghilang	[məŋhilaŋ]
libérer (vt)	membebaskan	[membebaskan]
amnistie (f)	amnesti	[amnesti]
police (f)	polisi, kepolisian	[polisi], [kepolisian]
policier (m)	polisi	[polisi]
commissariat (m) de police	kantor polisi	[kantor polisi]
matraque (f)	pentungan karet	[pentuŋan karet]
haut parleur (m)	pengeras suara	[peŋeras suara]
voiture (f) de patrouille	mobil patroli	[mobil patroli]
sirène (f)	sirene	[sirene]
enclencher la sirène	membunyikan sirene	[membunjikan sirene]
hurlement (m) de la sirène	suara sirene	[suara sirene]
lieu (m) du crime	tempat kejadian perkara	[tempat kedʒʲadian pərkara]
témoin (m)	saksi	[saksi]
liberté (f)	kebebasan	[kebebasan]
complice (m)	kaki tangan	[kaki taŋan]
s'enfuir (vp)	melarikan diri	[melarikan diri]
trace (f)	jejak	[dʒʲedʒʲaʔ]

121. La police. La justice. Partie 2

recherche (f)	pencarian	[pentʃarian]
rechercher (vt)	mencari ...	[məntʃari ...]
suspicion (f)	kecurigaan	[ketʃurigaʔan]
suspect (adj)	mencurigakan	[məntʃurigakan]
arrêter (dans la rue)	menghentikan	[məŋhentikan]
détenir (vt)	menahan	[mənahan]
affaire (f) (~ pénale)	kasus, perkara	[kasus], [pərkara]
enquête (f)	investigasi, penyidikan	[investigasi], [penjidikan]
détective (m)	detektif	[detektif]

enquêteur (m)	penyidik	[penjidiʔ]
hypothèse (f)	hipotesis	[hipotesis]
motif (m)	motif	[motif]
interrogatoire (m)	interogasi	[interogasi]
interroger (vt)	menginterogasi	[məŋinterogasi]
interroger (~ les voisins)	menanyai	[mənanjaj]
inspection (f)	pemeriksaan	[pemeriksaʔan]
rafle (f)	razia	[razia]
perquisition (f)	penggeledahan	[peŋgeledahan]
poursuite (f)	pengejaran, perburuan	[peɲedʒʲaran], [pərburuan]
poursuivre (vt)	mengejar	[mənedʒʲar]
dépister (vt)	melacak	[melatʃaʔ]
arrestation (f)	penahanan	[penahanan]
arrêter (vt)	menahan	[mənahan]
attraper (~ un criminel)	menangkap	[mənaŋkap]
capture (f)	penangkapan	[penaŋkapan]
document (m)	dokumen	[dokumen]
preuve (f)	bukti	[bukti]
prouver (vt)	membuktikan	[membuktikan]
empreinte (f) de pied	jejak	[dʒʲedʒʲaʔ]
empreintes (f pl) digitales	sidik jari	[sidiʔ dʒʲari]
élément (m) de preuve	barang bukti	[baraŋ bukti]
alibi (m)	alibi	[alibi]
innocent (non coupable)	tidak bersalah	[tidaʔ bərsalah]
injustice (f)	ketidakadilan	[ketidakadilan]
injuste (adj)	tidak adil	[tidaʔ adil]
criminel (adj)	pidana	[pidana]
confisquer (vt)	menyita	[mənjita]
drogue (f)	narkoba	[narkoba]
arme (f)	senjata	[sendʒʲata]
désarmer (vt)	melucuti	[melutʃuti]
ordonner (vt)	memerintahkan	[memerintahkan]
disparaître (vi)	menghilang	[mənhilaŋ]
loi (f)	hukum	[hukum]
légal (adj)	sah	[sah]
illégal (adj)	tidak sah	[tidaʔ sah]
responsabilité (f)	tanggung jawab	[taŋguŋ dʒʲawab]
responsable (adj)	bertanggung jawab	[bərtaŋguŋ dʒʲawab]

LA NATURE

La Terre. Partie 1

122. L'espace cosmique

cosmos (m)	angkasa	[aŋkasa]
cosmique (adj)	angkasa	[aŋkasa]
espace (m) cosmique	ruang angkasa	[ruaŋ aŋkasa]
monde (m)	dunia	[dunia]
univers (m)	jagat raya	[dʒiagat raja]
galaxie (f)	galaksi	[galaksi]
étoile (f)	bintang	[bintaŋ]
constellation (f)	gugusan bintang	[gugusan bintaŋ]
planète (f)	planet	[planet]
satellite (m)	satelit	[satelit]
météorite (m)	meteorit	[meteorit]
comète (f)	komet	[komet]
astéroïde (m)	asteroid	[asteroid]
orbite (f)	orbit	[orbit]
tourner (vi)	berputar	[bərputar]
atmosphère (f)	atmosfer	[atmosfer]
Soleil (m)	matahari	[matahari]
système (m) solaire	tata surya	[tata surja]
éclipse (f) de soleil	gerhana matahari	[gerhana matahari]
Terre (f)	Bumi	[bumi]
Lune (f)	Bulan	[bulan]
Mars (m)	Mars	[mars]
Vénus (f)	Venus	[venus]
Jupiter (m)	Yupiter	[yupiter]
Saturne (m)	Saturnus	[saturnus]
Mercure (m)	Merkurius	[merkurius]
Uranus (m)	Uranus	[uranus]
Neptune	Neptunus	[neptunus]
Pluton (m)	Pluto	[pluto]
la Voie Lactée	Bimasakti	[bimasakti]
la Grande Ours	Ursa Major	[ursa madʒor]
la Polaire	Bintang Utara	[bintaŋ utara]
martien (m)	makhluk Mars	[mahluʔ mars]
extraterrestre (m)	makhluk ruang angkasa	[mahluʔ ruaŋ aŋkasa]

alien (m)	alien, makhluk asing	[alien], [mahluʔ asiŋ]
soucoupe (f) volante	piring terbang	[piriŋ tərbaŋ]
vaisseau (m) spatial	kapal antariksa	[kapal antariksa]
station (f) orbitale	stasiun antariksa	[stasiun antariksa]
lancement (m)	peluncuran	[peluntʃuran]
moteur (m)	mesin	[mesin]
tuyère (f)	nosel	[nosel]
carburant (m)	bahan bakar	[bahan bakar]
cabine (f)	kokpit	[kokpit]
antenne (f)	antena	[antena]
hublot (m)	jendela	[dʒʲendela]
batterie (f) solaire	sel surya	[sel surja]
scaphandre (m)	pakaian antariksa	[pakajan antariksa]
apesanteur (f)	keadaan tanpa bobot	[kedaʔan tanpa bobot]
oxygène (m)	oksigen	[oksigen]
arrimage (m)	penggabungan	[peŋgabuŋan]
s'arrimer à …	bergabung	[bərgabuŋ]
observatoire (m)	observatorium	[observatorium]
télescope (m)	teleskop	[teleskop]
observer (vt)	mengamati	[məŋamati]
explorer (un cosmos)	mengeksplorasi	[məŋeksplorasi]

123. La Terre

Terre (f)	Bumi	[bumi]
globe (m) terrestre	bola Bumi	[bola bumi]
planète (f)	planet	[planet]
atmosphère (f)	atmosfer	[atmosfer]
géographie (f)	geografi	[geografi]
nature (f)	alam	[alam]
globe (m) de table	globe	[globe]
carte (f)	peta	[peta]
atlas (m)	atlas	[atlas]
Europe (f)	Eropa	[eropa]
Asie (f)	Asia	[asia]
Afrique (f)	Afrika	[afrika]
Australie (f)	Australia	[australia]
Amérique (f)	Amerika	[amerika]
Amérique (f) du Nord	Amerika Utara	[amerika utara]
Amérique (f) du Sud	Amerika Selatan	[amerika selatan]
l'Antarctique (m)	Antartika	[antartika]
l'Arctique (m)	Arktika	[arktika]

124. Les quatre parties du monde

nord (m)	utara	[utara]
vers le nord	ke utara	[ke utara]
au nord	di utara	[di utara]
du nord (adj)	utara	[utara]
sud (m)	selatan	[selatan]
vers le sud	ke selatan	[ke selatan]
au sud	di selatan	[di selatan]
du sud (adj)	selatan	[selatan]
ouest (m)	barat	[barat]
vers l'occident	ke barat	[ke barat]
à l'occident	di barat	[di barat]
occidental (adj)	barat	[barat]
est (m)	timur	[timur]
vers l'orient	ke timur	[ke timur]
à l'orient	di timur	[di timur]
oriental (adj)	timur	[timur]

125. Les océans et les mers

mer (f)	laut	[laut]
océan (m)	samudra	[samudra]
golfe (m)	teluk	[teluʔ]
détroit (m)	selat	[selat]
terre (f) ferme	daratan	[daratan]
continent (m)	benua	[benua]
île (f)	pulau	[pulau]
presqu'île (f)	semenanjung, jazirah	[semenandʒʲuŋ], [dʒʲazirah]
archipel (m)	kepulauan	[kepulauan]
baie (f)	teluk	[teluʔ]
port (m)	pelabuhan	[pelabuhan]
lagune (f)	laguna	[laguna]
cap (m)	tanjung	[tandʒʲuŋ]
atoll (m)	pulau karang	[pulau karaŋ]
récif (m)	terumbu	[terumbu]
corail (m)	karang	[karaŋ]
récif (m) de corail	terumbu karang	[terumbu karaŋ]
profond (adj)	dalam	[dalam]
profondeur (f)	kedalaman	[kedalaman]
abîme (m)	jurang	[dʒʲuraŋ]
fosse (f) océanique	palung	[paluŋ]
courant (m)	arus	[arus]
baigner (vt) (mer)	berbatasan dengan	[berbatasan deŋan]

littoral (m)	pantai	[pantaj]
côte (f)	pantai	[pantaj]
marée (f) haute	air pasang	[air pasaŋ]
marée (f) basse	air surut	[air surut]
banc (m) de sable	beting	[betiŋ]
fond (m)	dasar	[dasar]
vague (f)	gelombang	[gelombaŋ]
crête (f) de la vague	puncak gelombang	[puntʃaʔ gelombaŋ]
mousse (f)	busa, buih	[busa], [buih]
tempête (f) en mer	badai	[badaj]
ouragan (m)	topan	[topan]
tsunami (m)	tsunami	[tsunami]
calme (m)	angin tenang	[aŋin tenaŋ]
calme (tranquille)	tenang	[tenaŋ]
pôle (m)	kutub	[kutub]
polaire (adj)	kutub	[kutub]
latitude (f)	lintang	[lintaŋ]
longitude (f)	garis bujur	[garis budʒʲur]
parallèle (f)	sejajar	[sedʒʲadʒʲar]
équateur (m)	khatulistiwa	[hatulistiwa]
ciel (m)	langit	[laŋit]
horizon (m)	horizon	[horizon]
air (m)	udara	[udara]
phare (m)	mercusuar	[mertʃusuar]
plonger (vi)	menyelam	[mənjelam]
sombrer (vi)	karam	[karam]
trésor (m)	harta karun	[harta karun]

126. Les noms des mers et des océans

océan (m) Atlantique	Samudra Atlantik	[samudra atlantiʔ]
océan (m) Indien	Samudra Hindia	[samudra hindia]
océan (m) Pacifique	Samudra Pasifik	[samudra pasifiʔ]
océan (m) Glacial	Samudra Arktik	[samudra arktiʔ]
mer (f) Noire	Laut Hitam	[laut hitam]
mer (f) Rouge	Laut Merah	[laut merah]
mer (f) Jaune	Laut Kuning	[laut kuniŋ]
mer (f) Blanche	Laut Putih	[laut putih]
mer (f) Caspienne	Laut Kaspia	[laut kaspia]
mer (f) Morte	Laut Mati	[laut mati]
mer (f) Méditerranée	Laut Tengah	[laut teŋah]
mer (f) Égée	Laut Aegean	[laut aegean]
mer (f) Adriatique	Laut Adriatik	[laut adriatiʔ]
mer (f) Arabique	Laut Arab	[laut arab]

mer (f) du Japon	Laut Jepang	[laut dʒʲepan]
mer (f) de Béring	Laut Bering	[laut beriŋ]
mer (f) de Chine Méridionale	Laut Cina Selatan	[laut tʃina selatan]
mer (f) de Corail	Laut Karang	[laut karaŋ]
mer (f) de Tasman	Laut Tasmania	[laut tasmania]
mer (f) Caraïbe	Laut Karibia	[laut karibia]
mer (f) de Barents	Laut Barents	[laut barents]
mer (f) de Kara	Laut Kara	[laut kara]
mer (f) du Nord	Laut Utara	[laut utara]
mer (f) Baltique	Laut Baltik	[laut baltiʔ]
mer (f) de Norvège	Laut Norwegia	[laut norwegia]

127. Les montagnes

montagne (f)	gunung	[gunuŋ]
chaîne (f) de montagnes	jajaran gunung	[dʒʲadʒʲaran gunuŋ]
crête (f)	sisir gunung	[sisir gunuŋ]
sommet (m)	puncak	[puntʃaʔ]
pic (m)	puncak	[puntʃaʔ]
pied (m)	kaki	[kaki]
pente (f)	lereng	[lereŋ]
volcan (m)	gunung api	[gunuŋ api]
volcan (m) actif	gunung api yang aktif	[gunuŋ api yaŋ aktif]
volcan (m) éteint	gunung api yang tidak aktif	[gunuŋ api yaŋ tidaʔ aktif]
éruption (f)	erupsi, letusan	[erupsi], [letusan]
cratère (m)	kawah	[kawah]
magma (m)	magma	[magma]
lave (f)	lava, lahar	[lava], [lahar]
en fusion (lave ~)	pijar	[pidʒʲar]
canyon (m)	kanyon	[kanjon]
défilé (m) (gorge)	jurang	[dʒʲuraŋ]
crevasse (f)	celah	[tʃelah]
précipice (m)	jurang	[dʒʲuraŋ]
col (m) de montagne	pass, celah	[pass], [tʃelah]
plateau (m)	plato, dataran tinggi	[plato], [dataran tiŋgi]
rocher (m)	tebing	[tebiŋ]
colline (f)	bukit	[bukit]
glacier (m)	gletser	[gletser]
chute (f) d'eau	air terjun	[air tərdʒʲun]
geyser (m)	geiser	[geyser]
lac (m)	danau	[danau]
plaine (f)	dataran	[dataran]
paysage (m)	landskap	[landskap]
écho (m)	gema	[gema]

alpiniste (m)	pendaki gunung	[pendaki gunuŋ]
varappeur (m)	pemanjat tebing	[pemandʒ^jat tebiŋ]
conquérir (vt)	menaklukkan	[mənakluʔkan]
ascension (f)	pendakian	[pendakian]

128. Les noms des chaînes de montagne

Alpes (f pl)	Alpen	[alpen]
Mont Blanc (m)	Mont Blanc	[mon blan]
Pyrénées (f pl)	Pirenia	[pirenia]
Carpates (f pl)	Pegunungan Karpatia	[pegunuŋan karpatia]
Monts Oural (m pl)	Pegunungan Ural	[pegunuŋan ural]
Caucase (m)	Kaukasus	[kaukasus]
Elbrous (m)	Elbrus	[elbrus]
Altaï (m)	Altai	[altaj]
Tian Chan (m)	Tien Shan	[tjen ʃan]
Pamir (m)	Pegunungan Pamir	[pegunuŋan pamir]
Himalaya (m)	Himalaya	[himalaja]
Everest (m)	Everest	[everest]
Andes (f pl)	Andes	[andes]
Kilimandjaro (m)	Kilimanjaro	[kilimandʒ^jaro]

129. Les fleuves

rivière (f), fleuve (m)	sungai	[suŋaj]
source (f)	mata air	[mata air]
lit (m) (d'une rivière)	badan sungai	[badan suŋaj]
bassin (m)	basin	[basin]
se jeter dans ...	mengalir ke ...	[məŋalir ke ...]
affluent (m)	anak sungai	[anaʔ suŋaj]
rive (f)	tebing sungai	[tebiŋ suŋaj]
courant (m)	arus	[arus]
en aval	ke hilir	[ke hilir]
en amont	ke hulu	[ke hulu]
inondation (f)	banjir	[bandʒir]
les grandes crues	banjir	[bandʒir]
déborder (vt)	membanjiri	[membandʒiri]
inonder (vt)	membanjiri	[membandʒiri]
bas-fond (m)	beting	[betiŋ]
rapide (m)	jeram	[dʒ^jeram]
barrage (m)	dam, bendungan	[dam], [benduŋan]
canal (m)	kanal, terusan	[kanal], [tərusan]
lac (m) de barrage	waduk	[waduʔ]
écluse (f)	pintu air	[pintu air]

plan (m) d'eau	kolam	[kolam]
marais (m)	rawa	[rawa]
fondrière (f)	bencah, paya	[bentʃah], [paja]
tourbillon (m)	pusaran air	[pusaran air]
ruisseau (m)	selokan	[selokan]
potable (adj)	minum	[minum]
douce (l'eau ~)	tawar	[tawar]
glace (f)	es	[es]
être gelé	membeku	[membeku]

130. Les noms des fleuves

Seine (f)	Seine	[seine]
Loire (f)	Loire	[loire]
Tamise (f)	Thames	[tems]
Rhin (m)	Rein	[reyn]
Danube (m)	Donau	[donau]
Volga (f)	Volga	[volga]
Don (m)	Don	[don]
Lena (f)	Lena	[lena]
Huang He (m)	Suang Kuning	[suaŋ kuniŋ]
Yangzi Jiang (m)	Yangtze	[yaŋtze]
Mékong (m)	Mekong	[mekoŋ]
Gange (m)	Gangga	[gaŋga]
Nil (m)	Sungai Nil	[suŋaj nil]
Congo (m)	Kongo	[koŋo]
Okavango (m)	Okavango	[okavaŋo]
Zambèze (m)	Zambezi	[zambezi]
Limpopo (m)	Limpopo	[limpopo]
Mississippi (m)	Mississippi	[misisipi]

131. La forêt

forêt (f)	hutan	[hutan]
forestier (adj)	hutan	[hutan]
fourré (m)	hutan lebat	[hutan lebat]
bosquet (m)	hutan kecil	[hutan ketʃil]
clairière (f)	pembukaan hutan	[pembukaʔan hutan]
broussailles (f pl)	semak belukar	[semaʔ belukar]
taillis (m)	belukar	[belukar]
sentier (m)	jalan setapak	[dʒjalan setapaʔ]
ravin (m)	parit	[parit]
arbre (m)	pohon	[pohon]

feuille (f)	daun	[daun]
feuillage (m)	daun-daunan	[daun-daunan]
chute (f) de feuilles	daun berguguran	[daun bərguguran]
tomber (feuilles)	luruh	[luruh]
sommet (m)	puncak	[puntʃaʔ]
rameau (m)	cabang	[tʃabaŋ]
branche (f)	dahan	[dahan]
bourgeon (m)	tunas	[tunas]
aiguille (f)	daun jarum	[daun dʒʲarum]
pomme (f) de pin	buah pinus	[buah pinus]
creux (m)	lubang pohon	[lubaŋ pohon]
nid (m)	sarang	[saraŋ]
terrier (m) (~ d'un renard)	lubang	[lubaŋ]
tronc (m)	batang	[bataŋ]
racine (f)	akar	[akar]
écorce (f)	kulit	[kulit]
mousse (f)	lumut	[lumut]
déraciner (vt)	mencabut	[mentʃabut]
abattre (un arbre)	menebang	[mənebaŋ]
déboiser (vt)	deforestasi, penggundulan hutan	[deforestasi], [pəŋgundulan hutan]
souche (f)	tunggul	[tuŋgul]
feu (m) de bois	api unggun	[api uŋgun]
incendie (m)	kebakaran hutan	[kebakaran hutan]
éteindre (feu)	memadamkan	[memadamkan]
garde (m) forestier	penjaga hutan	[pendʒʲaga hutan]
protection (f)	perlindungan	[pərlinduŋan]
protéger (vt)	melindungi	[melinduŋi]
braconnier (m)	pemburu ilegal	[pemburu ilegal]
piège (m) à mâchoires	perangkap	[pəraŋkap]
cueillir (vt)	memetik	[memetiʔ]
s'égarer (vp)	tersesat	[tərsesat]

132. Les ressources naturelles

ressources (f pl) naturelles	sumber daya alam	[sumber daja alam]
minéraux (m pl)	bahan tambang	[bahan tambaŋ]
gisement (m)	endapan	[endapan]
champ (m) (~ pétrolifère)	ladang	[ladaŋ]
extraire (vt)	menambang	[mənambaŋ]
extraction (f)	pertambangan	[pərtambaŋan]
minerai (m)	bijih	[bidʒih]
mine (f) (site)	tambang	[tambaŋ]
puits (m) de mine	sumur tambang	[sumur tambaŋ]
mineur (m)	penambang	[penambaŋ]

gaz (m)	gas	[gas]
gazoduc (m)	pipa saluran gas	[pipa saluran gas]
pétrole (m)	petroleum, minyak	[petroleum], [minjaʔ]
pipeline (m)	pipa saluran minyak	[pipa saluran minjaʔ]
tour (f) de forage	sumur minyak	[sumur minjaʔ]
derrick (m)	menara bor minyak	[mənara bor minjaʔ]
pétrolier (m)	kapal tangki	[kapal taŋki]
sable (m)	pasir	[pasir]
calcaire (m)	batu kapur	[batu kapur]
gravier (m)	kerikil	[kerikil]
tourbe (f)	gambut	[gambut]
argile (f)	tanah liat	[tanah liat]
charbon (m)	arang	[araŋ]
fer (m)	besi	[besi]
or (m)	emas	[emas]
argent (m)	perak	[peraʔ]
nickel (m)	nikel	[nikel]
cuivre (m)	tembaga	[tembaga]
zinc (m)	seng	[seŋ]
manganèse (m)	mangan	[maŋan]
mercure (m)	air raksa	[air raksa]
plomb (m)	timbal	[timbal]
minéral (m)	mineral	[mineral]
cristal (m)	kristal, hablur	[kristal], [hablur]
marbre (m)	marmer	[marmer]
uranium (m)	uranium	[uranium]

La Terre. Partie 2

133. Le temps

temps (m)	cuaca	[ʧuaʧa]
météo (f)	prakiraan cuaca	[prakira'an ʧuaʧa]
température (f)	temperatur, suhu	[temperatur], [suhu]
thermomètre (m)	termometer	[tərmometər]
baromètre (m)	barometer	[barometer]
humide (adj)	lembap	[lembap]
humidité (f)	kelembapan	[kelembapan]
chaleur (f) (canicule)	panas, gerah	[panas], [gerah]
torride (adj)	panas terik	[panas təriʔ]
il fait très chaud	panas	[panas]
il fait chaud	hangat	[haŋat]
chaud (modérément)	hangat	[haŋat]
il fait froid	dingin	[diŋin]
froid (adj)	dingin	[diŋin]
soleil (m)	matahari	[matahari]
briller (soleil)	bersinar	[bərsinar]
ensoleillé (jour ~)	cerah	[ʧerah]
se lever (vp)	terbit	[terbit]
se coucher (vp)	terbenam	[tərbenam]
nuage (m)	awan	[awan]
nuageux (adj)	berawan	[bərawan]
nuée (f)	awan mendung	[awan menduŋ]
sombre (adj)	mendung	[menduŋ]
pluie (f)	hujan	[huʤʲan]
il pleut	hujan turun	[huʤʲan turun]
pluvieux (adj)	hujan	[huʤʲan]
bruiner (v imp)	gerimis	[gerimis]
pluie (f) torrentielle	hujan lebat	[huʤʲan lebat]
averse (f)	hujan lebat	[huʤʲan lebat]
forte (la pluie ~)	lebat	[lebat]
flaque (f)	kubangan	[kubaŋan]
se faire mouiller	kehujanan	[kehuʤʲanan]
brouillard (m)	kabut	[kabut]
brumeux (adj)	berkabut	[bərkabut]
neige (f)	salju	[salʤʲu]
il neige	turun salju	[turun salʤʲu]

134. Les intempéries. Les catastrophes naturelles

orage (m)	hujan badai	[hudʒʲan badaj]
éclair (m)	kilat	[kilat]
éclater (foudre)	berkilau	[bərkilau]
tonnerre (m)	petir	[petir]
gronder (tonnerre)	bergemuruh	[bərgemuruh]
le tonnerre gronde	bergemuruh	[bərgemuruh]
grêle (f)	hujan es	[hudʒʲan es]
il grêle	hujan es	[hudʒʲan es]
inonder (vt)	membanjiri	[membandʒiri]
inondation (f)	banjir	[bandʒir]
tremblement (m) de terre	gempa bumi	[gempa bumi]
secousse (f)	gempa	[gempa]
épicentre (m)	episentrum	[episentrum]
éruption (f)	erupsi, letusan	[erupsi], [letusan]
lave (f)	lava, lahar	[lava], [lahar]
tourbillon (m)	puting beliung	[putiŋ beliuŋ]
tornade (f)	tornado	[tornado]
typhon (m)	topan	[topan]
ouragan (m)	topan	[topan]
tempête (f)	badai	[badaj]
tsunami (m)	tsunami	[tsunami]
cyclone (m)	siklon	[siklon]
intempéries (f pl)	cuaca buruk	[tʃuatʃa burĩ]
incendie (m)	kebakaran	[kebakaran]
catastrophe (f)	bencana	[bentʃana]
météorite (m)	meteorit	[meteorit]
avalanche (f)	longsor	[loŋsor]
éboulement (m)	salju longsor	[saldʒʲu loŋsor]
blizzard (m)	badai salju	[badaj saldʒʲu]
tempête (f) de neige	badai salju	[badaj saldʒʲu]

La faune

135. Les mammifères. Les prédateurs

prédateur (m)	predator, pemangsa	[predator], [pemaŋsa]
tigre (m)	harimau	[harimau]
lion (m)	singa	[siŋa]
loup (m)	serigala	[serigala]
renard (m)	rubah	[rubah]
jaguar (m)	jaguar	[dʒ'aguar]
léopard (m)	leopard, macan tutul	[leopard], [matʃan tutul]
guépard (m)	cheetah	[tʃeetah]
panthère (f)	harimau kumbang	[harimau kumbaŋ]
puma (m)	singa gunung	[siŋa gunuŋ]
léopard (m) de neiges	harimau bintang salju	[harimau bintaŋ saldʒ'u]
lynx (m)	lynx	[links]
coyote (m)	koyote	[koyot]
chacal (m)	jakal	[dʒ'akal]
hyène (f)	hiena	[hiena]

136. Les animaux sauvages

animal (m)	binatang	[binataŋ]
bête (f)	binatang buas	[binataŋ buas]
écureuil (m)	bajing	[badʒiŋ]
hérisson (m)	landak susu	[landa' susu]
lièvre (m)	terwelu	[tərwelu]
lapin (m)	kelinci	[kelintʃi]
blaireau (m)	luak	[lua']
raton (m)	rakun	[rakun]
hamster (m)	hamster	[hamster]
marmotte (f)	marmut	[marmut]
taupe (f)	tikus mondok	[tikus mondo']
souris (f)	tikus	[tikus]
rat (m)	tikus besar	[tikus besar]
chauve-souris (f)	kelelawar	[kelelawar]
hermine (f)	ermin	[ermin]
zibeline (f)	sabel	[sabel]
martre (f)	marten	[marten]
belette (f)	musang	[musaŋ]
vison (m)	cerpelai	[tʃerpelaj]

castor (m)	beaver	[beaver]
loutre (f)	berang-berang	[bəraŋ-bəraŋ]
cheval (m)	kuda	[kuda]
élan (m)	rusa besar	[rusa besar]
cerf (m)	rusa	[rusa]
chameau (m)	unta	[unta]
bison (m)	bison	[bison]
aurochs (m)	aurochs	[oroks]
buffle (m)	kerbau	[kerbau]
zèbre (m)	kuda belang	[kuda belaŋ]
antilope (f)	antelop	[antelop]
chevreuil (m)	kijang	[kidʒʲaŋ]
biche (f)	rusa	[rusa]
chamois (m)	chamois	[ʃemva]
sanglier (m)	babi hutan jantan	[babi hutan dʒʲantan]
baleine (f)	ikan paus	[ikan paus]
phoque (m)	anjing laut	[andʒiŋ laut]
morse (m)	walrus	[walrus]
ours (m) de mer	anjing laut berbulu	[andʒiŋ laut bərbulu]
dauphin (m)	lumba-lumba	[lumba-lumba]
ours (m)	beruang	[bəruaŋ]
ours (m) blanc	beruang kutub	[bəruaŋ kutub]
panda (m)	panda	[panda]
singe (m)	monyet	[monjet]
chimpanzé (m)	simpanse	[simpanse]
orang-outang (m)	orang utan	[oraŋ utan]
gorille (m)	gorila	[gorila]
macaque (m)	kera	[kera]
gibbon (m)	siamang, ungka	[siamaŋ], [uŋka]
éléphant (m)	gajah	[gadʒʲah]
rhinocéros (m)	badak	[badaʔ]
girafe (f)	jerapah	[dʒʲerapah]
hippopotame (m)	kuda nil	[kuda nil]
kangourou (m)	kanguru	[kaŋuru]
koala (m)	koala	[koala]
mangouste (f)	garangan	[garaŋan]
chinchilla (m)	chinchilla	[tʃintʃilla]
mouffette (f)	sigung	[siguŋ]
porc-épic (m)	landak	[landaʔ]

137. Les animaux domestiques

chat (m) (femelle)	kucing betina	[kutʃiŋ betina]
chat (m) (mâle)	kucing jantan	[kutʃiŋ dʒʲantan]
chien (m)	anjing	[andʒiŋ]

cheval (m)	kuda	[kuda]
étalon (m)	kuda jantan	[kuda dʒʲantan]
jument (f)	kuda betina	[kuda betina]
vache (f)	sapi	[sapi]
taureau (m)	sapi jantan	[sapi dʒʲantan]
bœuf (m)	lembu jantan	[lembu dʒʲantan]
brebis (f)	domba	[domba]
mouton (m)	domba jantan	[domba dʒʲantan]
chèvre (f)	kambing betina	[kambiŋ betina]
bouc (m)	kambing jantan	[kambiŋ dʒʲantan]
âne (m)	keledai	[keledaj]
mulet (m)	bagal	[bagal]
cochon (m)	babi	[babi]
pourceau (m)	anak babi	[ana' babi]
lapin (m)	kelinci	[kelintʃi]
poule (f)	ayam betina	[ajam betina]
coq (m)	ayam jago	[ajam dʒʲago]
canard (m)	bebek	[bebe']
canard (m) mâle	bebek jantan	[bebe' dʒʲantan]
oie (f)	angsa	[aŋsa]
dindon (m)	kalkun jantan	[kalkun dʒʲantan]
dinde (f)	kalkun betina	[kalkun betina]
animaux (m pl) domestiques	binatang piaraan	[binataŋ piara'an]
apprivoisé (adj)	jinak	[dʒina']
apprivoiser (vt)	menjinakkan	[məndʒina'kan]
élever (vt)	membiakkan	[membia'kan]
ferme (f)	peternakan	[peternakan]
volaille (f)	unggas	[uŋgas]
bétail (m)	ternak	[terna']
troupeau (m)	kawanan	[kawanan]
écurie (f)	kandang kuda	[kandaŋ kuda]
porcherie (f)	kandang babi	[kandaŋ babi]
vacherie (f)	kandang sapi	[kandaŋ sapi]
cabane (f) à lapins	sangkar kelinci	[saŋkar kelintʃi]
poulailler (m)	kandang ayam	[kandaŋ ajam]

138. Les oiseaux

oiseau (m)	burung	[buruŋ]
pigeon (m)	burung dara	[buruŋ dara]
moineau (m)	burung gereja	[buruŋ geredʒʲa]
mésange (f)	burung tit	[buruŋ tit]
pie (f)	burung murai	[buruŋ muraj]
corbeau (m)	burung raven	[buruŋ raven]

corneille (f)	burung gagak	[buruŋ gagaʔ]
choucas (m)	burung gagak kecil	[buruŋ gagaʔ ketʃil]
freux (m)	burung rook	[buruŋ rooʔ]
canard (m)	bebek	[bebeʔ]
oie (f)	angsa	[aŋsa]
faisan (m)	burung kuau	[buruŋ kuau]
aigle (m)	rajawali	[radʒʲawali]
épervier (m)	elang	[elaŋ]
faucon (m)	alap-alap	[alap-alap]
vautour (m)	hering	[heriŋ]
condor (m)	kondor	[kondor]
cygne (m)	angsa	[aŋsa]
grue (f)	burung jenjang	[buruŋ dʒʲendʒʲaŋ]
cigogne (f)	bangau	[baŋau]
perroquet (m)	burung nuri	[buruŋ nuri]
colibri (m)	burung kolibri	[buruŋ kolibri]
paon (m)	burung merak	[buruŋ meraʔ]
autruche (f)	burung unta	[buruŋ unta]
héron (m)	kuntul	[kuntul]
flamant (m)	burung flamingo	[buruŋ flamiŋo]
pélican (m)	pelikan	[pelikan]
rossignol (m)	burung bulbul	[buruŋ bulbul]
hirondelle (f)	burung walet	[buruŋ walet]
merle (m)	burung jalak	[buruŋ dʒʲalaʔ]
grive (f)	burung jalak suren	[buruŋ dʒʲalaʔ suren]
merle (m) noir	burung jalak hitam	[buruŋ dʒʲalaʔ hitam]
martinet (m)	burung apus-apus	[buruŋ apus-apus]
alouette (f) des champs	burung lark	[buruŋ larʔ]
caille (f)	burung puyuh	[buruŋ puyuh]
pivert (m)	burung pelatuk	[buruŋ pelatuʔ]
coucou (m)	burung kukuk	[buruŋ kukuʔ]
chouette (f)	burung hantu	[buruŋ hantu]
hibou (m)	burung hantu bertanduk	[buruŋ hantu bərtanduʔ]
tétras (m)	burung murai kayu	[buruŋ muraj kaju]
tétras-lyre (m)	burung belibis hitam	[buruŋ belibis hitam]
perdrix (f)	ayam hutan	[ajam hutan]
étourneau (m)	burung starling	[buruŋ starliŋ]
canari (m)	burung kenari	[buruŋ kenari]
gélinotte (f) des bois	ayam hutan hazel	[ajam hutan hazel]
pinson (m)	burung chaffinch	[buruŋ tʃaffintʃ]
bouvreuil (m)	burung bullfinch	[buruŋ bullfintʃ]
mouette (f)	burung camar	[buruŋ tʃamar]
albatros (m)	albatros	[albatros]
pingouin (m)	penguin	[peŋuin]

139. Les poissons. Les animaux marins

brème (f)	ikan bream	[ikan bream]
carpe (f)	ikan karper	[ikan karper]
perche (f)	ikan tilapia	[ikan tilapia]
silure (m)	lais junggang	[lajs dʒjuŋgaŋ]
brochet (m)	ikan pike	[ikan paik]
saumon (m)	**salmon**	[salmon]
esturgeon (m)	ikan sturgeon	[ikan sturdʒjen]
hareng (m)	ikan haring	[ikan hariŋ]
saumon (m) atlantique	ikan salem	[ikan salem]
maquereau (m)	ikan kembung	[ikan kembuŋ]
flet (m)	ikan sebelah	[ikan sebelah]
sandre (f)	ikan seligi tenggeran	[ikan seligi teŋgeran]
morue (f)	ikan kod	[ikan kod]
thon (m)	tuna	[tuna]
truite (f)	ikan forel	[ikan forel]
anguille (f)	**belut**	[belut]
torpille (f)	ikan pari listrik	[ikan pari listriʔ]
murène (f)	belut moray	[belut morey]
piranha (m)	ikan piranha	[ikan piranha]
requin (m)	ikan hiu	[ikan hiu]
dauphin (m)	lumba-lumba	[lumba-lumba]
baleine (f)	ikan paus	[ikan paus]
crabe (m)	kepiting	[kepitiŋ]
méduse (f)	ubur-ubur	[ubur-ubur]
pieuvre (f), poulpe (m)	gurita	[gurita]
étoile (f) de mer	bintang laut	[bintaŋ laut]
oursin (m)	landak laut	[landaʔ laut]
hippocampe (m)	kuda laut	[kuda laut]
huître (f)	tiram	[tiram]
crevette (f)	udang	[udaŋ]
homard (m)	udang karang	[udaŋ karaŋ]
langoustine (f)	lobster berduri	[lobster berduri]

140. Les amphibiens. Les reptiles

serpent (m)	ular	[ular]
venimeux (adj)	berbisa	[berbisa]
vipère (f)	ular viper	[ular viper]
cobra (m)	kobra	[kobra]
python (m)	ular sanca	[ular santʃa]
boa (m)	ular boa	[ular boa]
couleuvre (f)	ular tanah	[ular tanah]

serpent (m) à sonnettes	ular derik	[ular deriʔ]
anaconda (m)	ular anakonda	[ular anakonda]
lézard (m)	kadal	[kadal]
iguane (m)	iguana	[iguana]
varan (m)	biawak	[biawaʔ]
salamandre (f)	salamander	[salamander]
caméléon (m)	bunglon	[buŋlon]
scorpion (m)	kalajengking	[kaladʒʲeŋkiŋ]
tortue (f)	kura-kura	[kura-kura]
grenouille (f)	katak	[kataʔ]
crapaud (m)	kodok	[kodoʔ]
crocodile (m)	buaya	[buaja]

141. Les insectes

insecte (m)	serangga	[seraŋga]
papillon (m)	kupu-kupu	[kupu-kupu]
fourmi (f)	semut	[semut]
mouche (f)	lalat	[lalat]
moustique (m)	nyamuk	[njamuʔ]
scarabée (m)	kumbang	[kumbaŋ]
guêpe (f)	tawon	[tawon]
abeille (f)	lebah	[lebah]
bourdon (m)	kumbang	[kumbaŋ]
œstre (m)	lalat kerbau	[lalat kerbau]
araignée (f)	laba-laba	[laba-laba]
toile (f) d'araignée	sarang laba-laba	[saraŋ laba-laba]
libellule (f)	capung	[tʃapuŋ]
sauterelle (f)	belalang	[belalaŋ]
papillon (m)	ngengat	[ŋeŋat]
cafard (m)	kecoa	[ketʃoa]
tique (f)	kutu	[kutu]
puce (f)	kutu loncat	[kutu lontʃat]
moucheron (m)	agas	[agas]
criquet (m)	belalang	[belalaŋ]
escargot (m)	siput	[siput]
grillon (m)	jangkrik	[dʒʲaŋkriʔ]
luciole (f)	kunang-kunang	[kunaŋ-kunaŋ]
coccinelle (f)	kumbang koksi	[kumbaŋ koksi]
hanneton (m)	kumbang Cockchafer	[kumbaŋ kokʃafer]
sangsue (f)	lintah	[lintah]
chenille (f)	ulat	[ulat]
ver (m)	cacing	[tʃatʃiŋ]
larve (f)	larva	[larva]

La flore

142. Les arbres

arbre (m)	pohon	[pohon]
à feuilles caduques	daun luruh	[daun luruh]
conifère (adj)	pohon jarum	[pohon dʒʲarum]
à feuilles persistantes	selalu hijau	[selalu hidʒʲau]
pommier (m)	pohon apel	[pohon apel]
poirier (m)	pohon pir	[pohon pir]
merisier (m)	pohon ceri manis	[pohon tʃeri manis]
cerisier (m)	pohon ceri asam	[pohon tʃeri asam]
prunier (m)	pohon plum	[pohon plum]
bouleau (m)	pohon berk	[pohon bərʔ]
chêne (m)	pohon eik	[pohon eiʔ]
tilleul (m)	pohon linden	[pohon linden]
tremble (m)	pohon aspen	[pohon aspen]
érable (m)	pohon mapel	[pohon mapel]
épicéa (m)	pohon den	[pohon den]
pin (m)	pohon pinus	[pohon pinus]
mélèze (m)	pohon larch	[pohon lartʃ]
sapin (m)	pohon fir	[pohon fir]
cèdre (m)	pohon aras	[pohon aras]
peuplier (m)	pohon poplar	[pohon poplar]
sorbier (m)	pohon rowan	[pohon rowan]
saule (m)	pohon dedalu	[pohon dedalu]
aune (m)	pohon alder	[pohon alder]
hêtre (m)	pohon nothofagus	[pohon notofagus]
orme (m)	pohon elm	[pohon elm]
frêne (m)	pohon abu	[pohon abu]
marronnier (m)	kastanye	[kastanje]
magnolia (m)	magnolia	[magnolia]
palmier (m)	palem	[palem]
cyprès (m)	pokok cipres	[pokoʔ sipres]
palétuvier (m)	bakau	[bakau]
baobab (m)	baobab	[baobab]
eucalyptus (m)	kayu putih	[kaju putih]
séquoia (m)	sequoia	[sekuoia]

143. Les arbustes

buisson (m)	rumpun	[rumpun]
arbrisseau (m)	semak	[semaʔ]

| vigne (f) | pohon anggur | [pohon aŋgur] |
| vigne (f) (vignoble) | kebun anggur | [kebun aŋgur] |

framboise (f)	pohon frambus	[pohon frambus]
cassis (m)	pohon blackcurrant	[pohon bleʔkaren]
groseille (f) rouge	pohon redcurrant	[pohon redkaren]
groseille (f) verte	pohon arbei hijau	[pohon arbei hiʤɪau]

acacia (m)	pohon akasia	[pohon akasia]
berbéris (m)	pohon barberis	[pohon barberis]
jasmin (m)	melati	[melati]

genévrier (m)	pohon juniper	[pohon ʤɪuniper]
rosier (m)	pohon mawar	[pohon mawar]
églantier (m)	pohon mawar liar	[pohon mawar liar]

144. Les fruits. Les baies

| fruit (m) | buah | [buah] |
| fruits (m pl) | buah-buahan | [buah-buahan] |

pomme (f)	apel	[apel]
poire (f)	pir	[pir]
prune (f)	plum	[plum]

fraise (f)	stroberi	[stroberi]
cerise (f)	buah ceri asam	[buah ʧeri asam]
merise (f)	buah ceri manis	[buah ʧeri manis]
raisin (m)	buah anggur	[buah aŋgur]

framboise (f)	buah frambus	[buah frambus]
cassis (m)	blackcurrant	[bleʔkaren]
groseille (f) rouge	redcurrant	[redkaren]
groseille (f) verte	buah arbei hijau	[buah arbei hiʤɪau]
canneberge (f)	buah kranberi	[buah kranberi]

orange (f)	jeruk manis	[ʤɪeruʔ manis]
mandarine (f)	jeruk mandarin	[ʤɪeruʔ mandarin]
ananas (m)	nanas	[nanas]
banane (f)	pisang	[pisaŋ]
datte (f)	buah kurma	[buah kurma]

citron (m)	jeruk sitrun	[ʤɪeruʔ sitrun]
abricot (m)	aprikot	[aprikot]
pêche (f)	persik	[persiʔ]

| kiwi (m) | kiwi | [kiwi] |
| pamplemousse (m) | jeruk Bali | [ʤɪeruʔ bali] |

baie (f)	buah beri	[buah beri]
baies (f pl)	buah-buah beri	[buah-buah beri]
airelle (f) rouge	buah cowberry	[buah kowberi]
fraise (f) des bois	stroberi liar	[stroberi liar]
myrtille (f)	buah bilberi	[buah bilberi]

145. Les fleurs. Les plantes

fleur (f)	bunga	[buŋa]
bouquet (m)	buket	[buket]
rose (f)	mawar	[mawar]
tulipe (f)	tulip	[tulip]
oeillet (m)	bunga anyelir	[buŋa anjelir]
glaïeul (m)	bunga gladiol	[buŋa gladiol]
bleuet (m)	cornflower	[kornflawa]
campanule (f)	bunga lonceng biru	[buŋa lontʃeŋ biru]
dent-de-lion (f)	dandelion	[dandelion]
marguerite (f)	bunga margrit	[buŋa margrit]
aloès (m)	lidah buaya	[lidah buaja]
cactus (m)	kaktus	[kaktus]
ficus (m)	pohon ara	[pohon ara]
lis (m)	bunga lili	[buŋa lili]
géranium (m)	geranium	[geranium]
jacinthe (f)	bunga bakung lembayung	[buŋa bakuŋ lembajuŋ]
mimosa (m)	putri malu	[putri malu]
jonquille (f)	bunga narsis	[buŋa narsis]
capucine (f)	bunga nasturtium	[buŋa nasturtium]
orchidée (f)	anggrek	[aŋgreʔ]
pivoine (f)	bunga peoni	[buŋa peoni]
violette (f)	bunga violet	[buŋa violet]
pensée (f)	bunga pansy	[buŋa pansi]
myosotis (m)	bunga jangan-lupakan-daku	[buŋa dʒʲaŋan-lupakan-daku]
pâquerette (f)	bunga desi	[buŋa desi]
coquelicot (m)	bunga madat	[buŋa madat]
chanvre (m)	rami	[rami]
menthe (f)	mint	[min]
muguet (m)	lili lembah	[lili lembah]
perce-neige (f)	bunga tetesan salju	[buŋa tetesan saldʒʲu]
ortie (f)	jelatang	[dʒʲelataŋ]
oseille (f)	daun sorrel	[daun sorrel]
nénuphar (m)	lili air	[lili air]
fougère (f)	pakis	[pakis]
lichen (m)	lichen	[litʃen]
serre (f) tropicale	rumah kaca	[rumah katʃa]
gazon (m)	halaman berumput	[halaman bərumput]
parterre (m) de fleurs	bedeng bunga	[bedeŋ buŋa]
plante (f)	tumbuhan	[tumbuhan]
herbe (f)	rumput	[rumput]

brin (m) d'herbe	sehelai rumput	[sehelaj rumput]
feuille (f)	daun	[daun]
pétale (m)	kelopak	[kelopaʔ]
tige (f)	batang	[bataŋ]
tubercule (m)	ubi	[ubi]
pousse (f)	tunas	[tunas]
épine (f)	duri	[duri]
fleurir (vi)	berbunga	[bərbuŋa]
se faner (vp)	layu	[laju]
odeur (f)	bau	[bau]
couper (vt)	memotong	[memotoŋ]
cueillir (fleurs)	memetik	[memetiʔ]

146. Les céréales

grains (m pl)	biji-bijian	[bidʒi-bidʒian]
céréales (f pl) (plantes)	padi-padian	[padi-padian]
épi (m)	bulir	[bulir]
blé (m)	gandum	[gandum]
seigle (m)	gandum hitam	[gandum hitam]
avoine (f)	oat	[oat]
millet (m)	jawawut	[dʒʲawawut]
orge (f)	jelai	[dʒʲelaj]
maïs (m)	jagung	[dʒʲaguŋ]
riz (m)	beras	[beras]
sarrasin (m)	buckwheat	[bakvit]
pois (m)	kacang polong	[katʃaŋ poloŋ]
haricot (m)	kacang buncis	[katʃaŋ buntʃis]
soja (m)	kacang kedelai	[katʃaŋ kedelaj]
lentille (f)	kacang lentil	[katʃaŋ lentil]
fèves (f pl)	kacang-kacangan	[katʃaŋ-katʃaŋan]

LES PAYS DU MONDE. LES NATIONALITÉS

147. L'Europe de l'Ouest

Europe (f)	Eropa	[eropa]
Union (f) européenne	Uni Eropa	[uni eropa]
Autriche (f)	Austria	[austria]
Grande-Bretagne (f)	Britania Raya	[britania raja]
Angleterre (f)	Inggris	[iŋgris]
Belgique (f)	Belgia	[belgia]
Allemagne (f)	Jerman	[dʒi̯erman]
Pays-Bas (m)	Belanda	[belanda]
Hollande (f)	Belanda	[belanda]
Grèce (f)	Yunani	[yunani]
Danemark (m)	Denmark	[denmarʔ]
Irlande (f)	Irlandia	[irlandia]
Islande (f)	Islandia	[islandia]
Espagne (f)	Spanyol	[spanjol]
Italie (f)	Italia	[italia]
Chypre (m)	Siprus	[siprus]
Malte (f)	Malta	[malta]
Norvège (f)	Norwegia	[norwegia]
Portugal (m)	Portugal	[portugal]
Finlande (f)	Finlandia	[finlandia]
France (f)	Prancis	[prantʃis]
Suède (f)	Swedia	[swedia]
Suisse (f)	Swiss	[swiss]
Écosse (f)	Skotlandia	[skotlandia]
Vatican (m)	Vatikan	[vatikan]
Liechtenstein (m)	Liechtenstein	[lajhtensteyn]
Luxembourg (m)	Luksemburg	[luksemburg]
Monaco (m)	Monako	[monako]

148. L'Europe Centrale et l'Europe de l'Est

Albanie (f)	Albania	[albania]
Bulgarie (f)	Bulgaria	[bulgaria]
Hongrie (f)	Hongaria	[hoŋaria]
Lettonie (f)	Latvia	[latvia]
Lituanie (f)	Lituania	[lituania]
Pologne (f)	Polandia	[polandia]

Roumanie (f)	**Romania**	[romania]
Serbie (f)	**Serbia**	[serbia]
Slovaquie (f)	**Slowakia**	[slowakia]
Croatie (f)	**Kroasia**	[kroasia]
République (f) Tchèque	**Republik Ceko**	[republi' tʃeko]
Estonie (f)	**Estonia**	[estonia]
Bosnie (f)	**Bosnia-Hercegovina**	[bosnia-hersegovina]
Macédoine (f)	**Makedonia**	[makedonia]
Slovénie (f)	**Slovenia**	[slovenia]
Monténégro (m)	**Montenegro**	[montenegro]

149. Les pays de l'ex-U.R.S.S.

Azerbaïdjan (m)	**Azerbaijan**	[azerbajdʒˈan]
Arménie (f)	**Armenia**	[armenia]
Biélorussie (f)	**Belarusia**	[belarusia]
Géorgie (f)	**Georgia**	[dʒordʒia]
Kazakhstan (m)	**Kazakistan**	[kazakstan]
Kirghizistan (m)	**Kirgizia**	[kirgizia]
Moldavie (f)	**Moldova**	[moldova]
Russie (f)	**Rusia**	[rusia]
Ukraine (f)	**Ukraina**	[ukrajna]
Tadjikistan (m)	**Tajikistan**	[tadʒikistan]
Turkménistan (m)	**Turkmenistan**	[turkmenistan]
Ouzbékistan (m)	**Uzbekistan**	[uzbekistan]

150. L'Asie

Asie (f)	**Asia**	[asia]
Vietnam (m)	**Vietnam**	[vjetnam]
Inde (f)	**India**	[india]
Israël (m)	**Israel**	[israel]
Chine (f)	**Tiongkok**	[tjoŋkoʔ]
Liban (m)	**Lebanon**	[lebanon]
Mongolie (f)	**Mongolia**	[moŋolia]
Malaisie (f)	**Malaysia**	[malajsia]
Pakistan (m)	**Pakistan**	[pakistan]
Arabie (f) Saoudite	**Arab Saudi**	[arab saudi]
Thaïlande (f)	**Thailand**	[tajland]
Taïwan (m)	**Taiwan**	[tajwan]
Turquie (f)	**Turki**	[turki]
Japon (m)	**Jepang**	[dʒˈepan]
Afghanistan (m)	**Afghanistan**	[afganistan]
Bangladesh (m)	**Bangladesh**	[baŋladeʃ]

Indonésie (f)	**Indonesia**	[indonesia]
Jordanie (f)	**Yordania**	[yordania]
Iraq (m)	**Irak**	[iraʔ]
Iran (m)	**Iran**	[iran]
Cambodge (m)	**Kamboja**	[kambodʒʲa]
Koweït (m)	**Kuwait**	[kuweyt]
Laos (m)	**Laos**	[laos]
Myanmar (m)	**Myanmar**	[myanmar]
Népal (m)	**Nepal**	[nepal]
Fédération (f) des Émirats Arabes Unis	**Uni Emirat Arab**	[uni emirat arab]
Syrie (f)	**Suriah**	[suriah]
Palestine (f)	**Palestina**	[palestina]
Corée (f) du Sud	**Korea Selatan**	[korea selatan]
Corée (f) du Nord	**Korea Utara**	[korea utara]

151. L'Amérique du Nord

Les États Unis	**Amerika Serikat**	[amerika serikat]
Canada (m)	**Kanada**	[kanada]
Mexique (m)	**Meksiko**	[meksiko]

152. L'Amérique Centrale et l'Amérique du Sud

Argentine (f)	**Argentina**	[argentina]
Brésil (m)	**Brasil**	[brasil]
Colombie (f)	**Kolombia**	[kolombia]
Cuba (f)	**Kuba**	[kuba]
Chili (m)	**Chili**	[tʃili]
Bolivie (f)	**Bolivia**	[bolivia]
Venezuela (f)	**Venezuela**	[venezuela]
Paraguay (m)	**Paraguay**	[paraguaj]
Pérou (m)	**Peru**	[peru]
Surinam (m)	**Suriname**	[suriname]
Uruguay (m)	**Uruguay**	[uruguaj]
Équateur (m)	**Ekuador**	[ekuador]
Bahamas (f pl)	**Kepulauan Bahama**	[kepulauan bahama]
Haïti (m)	**Haiti**	[haiti]
République (f) Dominicaine	**Republik Dominika**	[republiʔ dominika]
Panamá (m)	**Panama**	[panama]
Jamaïque (f)	**Jamaika**	[dʒʲamajka]

153. L'Afrique

Égypte (f)	**Mesir**	[mesir]
Maroc (m)	**Maroko**	[maroko]
Tunisie (f)	**Tunisia**	[tunisia]
Ghana (m)	**Ghana**	[gana]
Zanzibar (m)	**Zanzibar**	[zanzibar]
Kenya (m)	**Kenya**	[kenia]
Libye (f)	**Libia**	[libia]
Madagascar (f)	**Madagaskar**	[madagaskar]
Namibie (f)	**Namibia**	[namibia]
Sénégal (m)	**Senegal**	[senegal]
Tanzanie (f)	**Tanzania**	[tanzania]
République (f) Sud-africaine	**Afrika Selatan**	[afrika selatan]

154. L'Australie et Océanie

Australie (f)	**Australia**	[australia]
Nouvelle Zélande (f)	**Selandia Baru**	[selandia baru]
Tasmanie (f)	**Tasmania**	[tasmania]
Polynésie (f) Française	**Polinesia Prancis**	[polinesia prantʃis]

155. Les grandes villes

Amsterdam (f)	**Amsterdam**	[amsterdam]
Ankara (m)	**Ankara**	[ankara]
Athènes (m)	**Athena**	[atena]
Bagdad (m)	**Bagdad**	[bagdad]
Bangkok (m)	**Bangkok**	[baŋkoʔ]
Barcelone (f)	**Barcelona**	[bartʃelona]
Berlin (m)	**Berlin**	[berlin]
Beyrouth (m)	**Beirut**	[beyrut]
Bombay (m)	**Mumbai**	[mumbaj]
Bonn (f)	**Bonn**	[bonn]
Bordeaux (f)	**Bordeaux**	[bordo]
Bratislava (m)	**Bratislava**	[bratislava]
Bruxelles (m)	**Brussel**	[brusel]
Bucarest (m)	**Bukares**	[bukares]
Budapest (m)	**Budapest**	[budapest]
Caire (m)	**Kairo**	[kajro]
Calcutta (f)	**Kolkata**	[kolkata]
Chicago (f)	**Chicago**	[tʃikago]
Copenhague (f)	**Kopenhagen**	[kopenhagen]
Dar es-Salaam (f)	**Darussalam**	[darussalam]
Delhi (f)	**Delhi**	[delhi]

Dubaï (f)	Dubai	[dubaj]
Dublin (f)	Dublin	[dublin]
Düsseldorf (f)	Düsseldorf	[dyuseldorf]

Florence (f)	Firenze	[firenze]
Francfort (f)	Frankfurt	[frankfurt]
Genève (f)	Jenewa	[dʒʲenewa]

Hague (f)	Den Hague	[den hag]
Hambourg (f)	Hamburg	[hamburg]
Hanoi (f)	Hanoi	[hanoi]
Havane (f)	Havana	[havana]
Helsinki (f)	Helsinki	[helsinki]
Hiroshima (f)	Hiroshima	[hiroʃima]
Hong Kong (m)	Hong Kong	[hoŋ koŋ]

Istanbul (f)	Istambul	[istambul]
Jérusalem (f)	Yerusalem	[erusalem]
Kiev (f)	Kiev	[kiev]
Kuala Lumpur (f)	Kuala Lumpur	[kuala lumpur]
Lisbonne (f)	Lisbon	[lisbon]
Londres (m)	London	[london]
Los Angeles (f)	Los Angeles	[los enzheles]
Lyon (f)	Lyons	[lion]

Madrid (f)	Madrid	[madrid]
Marseille (f)	Marseille	[marseille]
Mexico (f)	Meksiko	[meksiko]
Miami (f)	Miami	[miami]
Montréal (f)	Montréal	[montreal]
Moscou (f)	Moskow	[moskow]
Munich (f)	Munich	[munitʃ]

Nairobi (f)	Nairobi	[najrobi]
Naples (f)	Napoli	[napoli]
New York (f)	New York	[nju yor']
Nice (f)	Nice	[nitʃe]
Oslo (m)	Oslo	[oslo]
Ottawa (m)	Ottawa	[ottawa]

Paris (m)	Paris	[paris]
Pékin (m)	Beijing	[beydʒiŋ]
Prague (m)	Praha	[praha]
Rio de Janeiro (m)	Rio de Janeiro	[rio de dʒʲaneyro]
Rome (f)	Roma	[roma]

Saint-Pétersbourg (m)	Saint Petersburg	[sajnt petersburg]
Séoul (m)	Seoul	[seoul]
Shanghai (m)	Shanghai	[ʃanhaj]
Sidney (m)	Sydney	[sidni]
Singapour (f)	Singapura	[siŋapura]
Stockholm (m)	Stockholm	[stokholm]

Taipei (m)	Taipei	[tajpey]
Tokyo (m)	Tokyo	[tokio]
Toronto (m)	Toronto	[toronto]

Varsovie (f)	**Warsawa**	[warsawa]
Venise (f)	**Venesia**	[venesia]
Vienne (f)	**Wina**	[wina]
Washington (f)	**Washington**	[waʃiŋton]

www.ingramcontent.com/pod-product-compliance
Lightning Source LLC
Chambersburg PA
CBHW070601050426
42450CB00011B/2934